ars vivendi

Fränkischer Albverein (Hrsg.)

BETHANG

NÜRBERG · FÜRTH · ERLANGEN

Wandern an den Grenzen einer Stadtutopie

Ein ars vivendi Freizeitführer

Bei der Realisierung dieses Buches ließen wir größtmögliche Sorgfalt walten. Falls dennoch Informationen falsch oder inzwischen überholt sein sollten, bedauern wir dies, können aber auf keinen Fall eine Haftung übernehmen. *Anmerkungen und Korrekturen an lektorat@arsvivendiverlag.de*

Die Herausgeber und der Verlag danken der Stadt Erlangen ganz herzlich für die Unterstützung!

Legende:

 S-Bahn   R-Bahn  U-Bahn

 Straßenbahn   Bushaltestelle  Einkehr

Kartografie: Schettler Consulting KG
Geobasisdaten Tourenkarten: Bayerische Vermessungsverwaltung 1912-3979

2., überarbeitete Neuauflage 2022
1. Auflage 2020
© 2020 by ars vivendi verlag GmbH & Co. KG, Bauhof 1,
90556 Cadolzburg
Alle Rechte vorbehalten
www.arsvivendi.com

Umschlag: ars vivendi unter Verwendung einer Vorlage von Annalena Weber
Satz: Christine Richert, www.typoholica.de
Bilder: © Eckart Dietzfelbinger und Hans Treuheit
Druck: GPS, Villach
Printed in Europe
ISBN 978-3-7472-0120-6

Inhalt

(Aufklappbare Orientierungskarte ganz hinten im Einband!)

1. Etappe   25
Von Nürnberg Stadtgrenze/Schloss Stein nach Fürth-Burgfarrnbach

17 km/gut 4 Std., wenige Steigungen
Stadt, Land, Fluss, Wald. – Die vielfältige Etappe kann durch Unterbrechung am Haltepunkt Alte Veste der Rangau-Bahn hälftig geteilt werden.

2. Etappe   38
Von Fürth-Burgfarrnbach nach Erlangen-Frauenaurach

12 km/3 Std., ohne Steigungen
Herrliche Ausblicke – bei klarer Sicht wandern, sonst versäumt man das Beste!

3. Etappe   48
Von Erlangen-Frauenaurach nach Dechsendorf

11 km/3 Std., ohne Steigungen
Teils kompromisslose, aber enorme Optik, eine »Grenzerfahrung« besonderer Art.

4. Etappe   57
Von Dechsendorf zum Erlanger Waldkrankenhaus

14 km/3,5 Std., kaum Steigungen
Herrliche Weiherlandschaft, am Schluss Fluss- und Stadtgebiet; besonders abwechslungsreich.

Unten (grün) die von Karsten Neumann entworfene Wegmarkierung: Rot die Form des BETHANG-Gebiets, dazu drei Kreise als Symbole der Städte

Vorwort

Eine anregende Definition an den Anfang gestellt – nachhaltiger Tourismus und Naherholung sind: *»Umweltverträgliches Reisen und Besuchen zum Genuss und zur Bewunderung der Natur und der damit verbundenen kulturellen Besonderheiten, welche Naturschutz fördern, wenig Umweltauswirkungen haben und sich auf aktive sozialökonomische Teilnahme der lokalen Bevölkerung stützen.«* (zitiert nach IUCN, International Union for Conservation of Nature)

Der vorliegende *Bethang*-Wanderführer ist für die Stadt Erlangen und den verantwortlichen Stadtplaner zum einen ein Beitrag, der dem Naherholungssuchenden eine Möglichkeit des Naturerlebnisses und der politischen/kulturellen Wahrnehmung der Landschaft Bayerns aufzeigen kann, der zum anderen aber auch das Interesse für noch versteckte oder bisher übersehene Orte oder Kuriositäten in Mittelfranken wecken soll.

Wandern oder Spazierengehen ist zudem auch eine Mobilitätsart und somit eine Art der Fortbewegung, die die »Erholung durch Bewegung« in der unmittelbaren Stadtumgebung oder in Wohnbereichen erweitern kann. Neben dem Auto, der Bahn und dem Rad ist das »zu Fuß gehen« eigentlich die wichtigste (wenn auch nicht nach Strecke) und die häufigste Art der Fortbewegung. Für Erlangen wollen wir das Angebot gerade in der direkten Naherholungsumgebung ergänzen wie auch die »Augenhöhe der Verkehrsarten« und damit die Gleichwertigkeit der Fortbewegungsmittel erreichen. In den Umfragen, die wir häufig durchführen, bekommt die fußläufige Mobilität immer mehr an Aufmerksamkeit. Gerade für die kurzen Wege in der Stadt und an den Stadträndern zum »Grünraum« hin ist dies von Bedeutung. Die älter werdende Bevölkerung empfindet diese Art der Fortbewegung zudem (immer noch) als sehr angenehm und kontaktfreudig.

Außerdem wissen wir um die negativen Umwelteinflüsse der anderen Verkehrsarten und den immer weiter steigenden infrastrukturellen Aufwand (Radfahren zu E-Bikes, Autos mit den Emissionen, ÖPNV mit der Verfügbarkeit etc. etc.). Wandern ist einfach und benötigt nicht viel. Wandern ist kommunikativ. Wandern verbindet Bewegung mit Erlebnis.

Mich freut es, dass mit dem neuen *Bethang*-Weg auf einer besonderen Strecke alle vorher angesprochenen Aspekte beinhaltet sind. Zudem, dass sich das eigene Erleben und damit die Freude an der Kulturlandschaft entwickeln können. Für Junge und Ältere, für Sportliche wie auch für die – positiv gesehenen – Müßiggänger, die damit ihre eigene Kreativität fördern.

Viele schöne Erlebnisse an der gefundenen Wege- und Grenzführung!

Ihr Josef Weber
Stadtplaner in Erlangen

Die unsichtbaren Grenzen

Kleine Abhandlung zum Wandern an politischen, nicht sichtbaren Grenzen

Was will man lesen, in einem Wanderführer, der eigentlich den Weg beschreiben, die Kreuzungen erkennen und Hinweise geben soll? Der den Weg vom Start bis zum Ziel organisiert und in Pakete unterteilt?

Der Sinn dieser kleinen Einführung soll für Sie darin bestehen, anzuregen und das »zu Sehende« und »nicht zu Sehende« besser zu verstehen oder bewusster wahrzunehmen. Der Text hat den Anspruch, sich auf der Anreise und Rückreise mit der gewählten Wegeführung und den Erlebnissen auseinanderzusetzen und nachzudenken sowie sich konzentriert und aufmerksam auf den Weg zu begeben.

Nachdenken worüber? Wenn man keine anderen Themen hat – nachdenken über den *Bethang*-Weg, den gewählten Weg entlang einer für das menschliche Auge nicht sichtbaren Grenze. Nachdenken über eine vor Ort oft nicht erkennbare Linie von Stadtgrenzen, entlang derer man sich größtenteils bewegt. Nachdenken über Grenzen im Allgemeinen. An einer Grenze, an deren Verlauf es häufig zu Streitigkeiten gekommen ist. Wo Zuständigkeiten gewechselt, wo rechtliche Regeln des Zusammenlebens sich immer wieder geändert haben.

Nachdenken über Grenzen, an denen möglicherweise Steuern und allgemeine Abgaben anders bezahlt wurden und Ökonomien sich geändert haben. Grenzen, an denen sich Eigentumsverhältnisse im Kleinen und kulturelle Zugehörigkeiten im Großen gewandelt haben. Grenzen, an denen man auch mal scheitern konnte, oder Grenzen, an denen man Religionszugehörigkeit wechseln musste oder sich einer Verfolgung aussetzte.

Oft war diese Grenze früher mit Pfosten abgesteckt, Schlagbäumen bestückt oder sogar mit Zäunen abgesichert. Heute zeigt sie sich uns eher »weich« und verwischt im täglichen Leben, in der Landschaft verlaufend, unbemerkt und ungesehen.

Grenzverläufe existieren in der Verwaltung oder im Eigentum zentimetergenau. Grenzen, die in der Zuständigkeit und

Zugehörigkeit andernorts wieder zunehmend existenzieller (Staatsgrenzen) für die Bewohner werden.

Grenzen, die in unserem Fall nicht sichtbare Verwaltungsgrenzen von eigenständigen Großstädten sind, die sich zu Stadtrandgemeinden und zu Landkreisen als Organisationseinheiten befinden. Grenzen, die heute noch imaginär trennen. Jene Grenzen, die manches Mal mit den kulturellen und mentalen Grenzen übereinstimmen. Oder auch gerade nicht?

Grenzen, die nach Wähleranzahlen und Proporz gezogen wurden, mit der Gemeindestrukturreform in den Siebzigerjahren, die sich in »Wahlzellen«, Wählerpotenzial und Zwangszugehörigkeit ausdrückt. Natürlich muss es irgendeine Regel zu Strukturgrößen und damit Grenzziehungen geben. Es entstanden dabei aber auch Zufälligkeiten, weil landschaftliche Realitäten missachtet wurden. Interessant ist es nun, sich auf dieser Wanderschaft all das bewusst zu machen und auf die kleinen oder größeren Kuriositäten zu achten, die solche Grenzziehungen hervorbringen.

Kuriositäten wie das Entstehen von »Niemandsland«-Flächen, Grenzziehungen durch Autobahnmittelstreifen, durch Flussmitten, die man nicht begehen kann, Grenzen in der Flur, die man in der Vielfalt der Feldstrukturen kaum erkennt oder gar nachvollziehen kann. Grenzverläufe mit geschichtlichen Hintergründen, wie an alten Wegebeziehungen oder Flurnamen und historischen Eigentumsgrenzen, aber auch Grenzverläufe, die mit dem Lineal gezogen wurden, wo es zulässig und opportun war. Bei diesen Grenzen sieht man vor Ort umso mehr, welche Konflikte diese heraufbeschwören können.

Diese Grenzwanderung spiegelt zudem das Verhältnis zwischen Stadt und Land wider, wenn auch nicht mit dem »typischen« Phänomen als bebaute Stadtgrenze und weiter ländlicher Raum. Also oft nicht mit einer Grenze hinter dem letzten Haus, an dem die Stadt endet. Aber mit einer Grenze zwischen urbanen Lebensräumen und eher ländlich geprägten Strukturen (und oftmals anderen Lebensphilosophien oder gar Weltanschauungen – wenn es zum Beispiel um Fußball geht). Politische Grenzen, wenn auch demokratisch legitimiert, stehen immer in Zusammenhang mit verschiedenfarbigen politischen Spektren und damit häufig mit unterschiedlichen Wertvorstellungen im Bereich des Zusammenlebens. Das zeigt sich beispielsweise in

Bezug auf das Verhältnis von Mensch und Natur. Auf der einen Seite sehen wir die Nutzbarmachung der Fläche und auf der anderen Seite das Schützen und Nichtantasten von dieser. Beides kommt sowohl in urbanen als auch in ländlichen Räumen vor, in gebauten und nicht gebauten Strukturen.

Wandern an und auf der Grenze mit der Aufmerksamkeit für Kuriositäten öffnet das Bewusstsein für die Grenze und deren Überschreitung. Es macht klar, dass man sich diesseits und jenseits von Grenzen in verschiedenen Räumen bewegt. Auch die Tatsache, dass es manches Mal nicht gelingt, genau auf der Grenze zu gehen, kann einem bewusst werden. In diesem Fall sollte man vielleicht kurz innehalten, mit dem Auge den vermuteten Grenzverlauf »abwandern« und versuchen, ihn nachzuvollziehen. Auch hier gilt es zu erkunden, ob diese Grenzziehung Auswirkungen auf den Naturraum hat oder ob sie völlig irrelevant ist. Hat die Grenze eine Baumreihe, Wassergräben, Feldraine zum Anlass gehabt haben oder waren die Grenzziehungen erst der Anlass, diese im Naturraum zu kennzeichnen?

Ich hoffe, die Vielfalt, die auf dem *Bethang*-Weg geboten ist, und meine Aufzählung regen Sie an, das Thema »Grenze« weiterzudenken und die Gespräche beim Wandern und Spazierengehen zu vertiefen. Auch für Kinder kann dieses Spiel »Auf der Grenze zu gehen« sicherlich spannend sein. Diskutieren Sie es mit ihnen und teilen Sie Ihre Wahrnehmungen mit. Wenn Sie Lust haben, kontaktieren Sie mich nach erfolgter Wanderung gerne und erzählen Sie mir von Ihren Erlebnissen!

Josef Weber
Mitglied im Regionalparkverein Pegnitz, Rednitz, Regnitz
mit Sitz in Nürnberg

Nachrichten an:
baureferat@stadt.erlangen.de

Karsten Neumann – Bethang als Realutopie

Die Kunst des beginnenden 20. Jahrhunderts kennt zahlreiche visionäre Zukunftsentwürfe. Nach dem 1516 entstandenen Roman *Utopia* von Thomas Morus werden sie als »Utopien«, als Nicht-Orte bezeichnet. Ihre Realisierung scheitert(e) im Allgemeinen nicht nur an ihrem Rigorismus, sondern auch an den realen gesellschaftlichen wie politischen Umständen.

Karsten Neumann, geboren 1963 in Würzburg und seit früher Kindheit in Nürnberg ansässig, erfand 2002 die Kunststadt *Bethang* im Rahmen des Wahlkampfs der 1989 gegründeten kommunalen Wählergruppe »Die Guten«. Auf den Spuren von Joseph Beuys und den 1968ern visionierte er ein Städtekonglomerat aus dem Dreiklang Nürn[BE]rg, Für[TH] und Erl[ANG] en. Seit 2004 baut er das Konzept kontinuierlich aus. Neumanns Kunststadt besitzt nicht nur ein Ortsschild mit dem Untertitel »stadt der kultur und des geistes«, sondern auch einen Stadtplan und ein Stadtwappen, das heraldisch verfasst den Grundriss von *Bethang* sowie drei Ringe als Symbole des Städtedreiecks zeigt.

Neben der Festlegung der räumlichen Ausdehnung entlang der Stadtgrenzen der jeweiligen Orte benennt Neumanns *stadtgründungsbüro* Straßen, Plätze und Bahnhöfe um und dekonstruiert den Baubestand durch fotografische Überarbeitungen. Aus Fundstücken, bzw. weggeworfenem »Wohlstandsmüll«, entstehen Assemblagen, darunter seit 2005 die *Bethang-Mandalas*, die Neumann als »Gemälde« bezeichnet und folgendermaßen umschreibt: »mein pinsel ist der akkuschrauber, die farbe sind gefundene plastikschnipsel, der bildträger z. b. alte radkappen.« In ihnen erweist sich der ehemalige Student von Georg Karl Pfahler als Künstler mit einem großen Gespür für Formen und Farben. Im Buddhismus besitzen Mandalas eine rituelle Bedeutung, sie unterstützen die Meditation. Neumann, der selbst Buddhist ist, konfrontiert mit seinen Mandalas eine traditionell östliche Kunstpraxis mit der westlichen Wohlstandsgesellschaft, der das Kultische abhandengekommen bzw. zum reinen Fetisch verkommen ist. Im Zuge aktueller Debatten um die westliche Müllentsorgung erscheinen Neumanns Werke geradezu visionär und ihrer Zeit weit voraus. Das Wertlose und Weggeworfene, das Abseitige und Randständige soll gewürdigt werden – im emotionalen Miteinander wie im architektonischen Überbau der Städte.

Nicht nur eine konsequente *Bethang*-Schreibweise, die sich an dem englischen, spanischen und türkischen Gebrauch mit Großschreibung am Textanfang und von Eigennamen sowie einer sonstigen Kleinschreibung orientiert, gehört zu Neumanns Konzept. Er kreierte in der Vergangenheit außerdem spezifisches Essen wie die Bethanger Kalbsbratwurst und Brotaufstriche. Daneben greift Neumann mit Leserbriefen und Mailings in aktuelle politische Debatten ein und erweist sich ein ums andere Mal als kritischer Beobachter des Zeitgeschehens. Da er immer wieder auf gesellschaftliche Phänomene wie die Mobilität, den Umgang mit dem historischen Erbe und die prekäre Situation von Kunstschaffenden hinweist, sorgt der Künstler vielfach für Aufmerksamkeit. Ein weiteres Feld sind seine Performances, wozu auch Radtouren und Wanderungen gehören. Im Jahr 2013 umrundete Neumann innerhalb einer Woche die rund 130 Kilometer »seiner« Stadtgrenzen. Aus dieser Performance mit dem Namen *grenzgang*, die zwischen Stadt und Land verlief, sind schließlich der Weg und dieser Wanderführer entstanden.

Heißt es in Neumanns *Bethang-Manifest* von 2013 noch »bethang ist radikal, weil es paradox ist: ›realisierung der utopie durch deren nichtverwirklichung‹« und »am ende wird auch die idee verschwinden, weil ideen immer an ein ›ich‹ gebunden sind«, so kann man festhalten, dass nicht nur politische Prozesse (Stichwort: Metropolregion) *Bethang* in der Realität ankommen ließen, sondern letztlich auch der vorliegende Band. Aus der Utopie wurde eine Realutopie. Bislang ist sie begrenzt auf die Umrandung von *Bethang*. Im Inneren herrscht indes weiterhin der utopische Charakter vor, denn ohne Überlegungen, wie es anders sein könnte, entstehen auch keine Handlungsmotivationen: in der Kunst ebenso wenig wie im Leben.

Dr. Andrea Dippel
Leiterin der Kunstvilla, Nürnberg

Grenzen – gespiegelt

Bethang – der neue Rundwanderweg des Fränkischen Albvereins – konstituiert nicht nur eine Stadtutopie mit, er versteht sich auch als Grenz-Gang und thematisiert damit das Wesen und die Wirkung von Grenzen im Generellen. Was sind Grenzen? Wie wirken sie? Warum gibt es sie überhaupt?

Wer den *Bethang-Weg* bewandert, überschreitet viele Male alte und neue Grenzen. Sichtbar werden sie im sozialen Gepräge, etwa im Kontrast zwischen der Erlanger Werker und den Villen in der Rudelsweiherstraße oder dem Aufeinanderprallen des unter strengem Naturschutz stehenden Hainberg mit dem Gebersdorfer Kraftwerk an der Stadtgrenze von Stein zu Oberasbach. Solche teils krassen Unterschiede sind typisch für die Umgebung von Städten, die nahezu übergangslos in völlig anders genutzte Landschaften übergehen.

Der Weg überquert ebenso die administrativen Grenzen, die sich im Laufe der Geschichte gebildet haben. Geäußert hat sich das auch bei der Planung des Wanderwegs: Da er so oft Grenzen überschreitet, mussten insgesamt 84 verschiedene Institutionen informiert und mit ihnen Abstimmungen vorgenommen werden. Viele davon vertreten die ihnen obliegenden Aufgaben – trotz gleicher gesetzlicher Grundlage – mit jeweils anders prononcierter Auslegung. Geradezu bizarr ist die Tatsache, dass man auf *Bethang* den Freistaat Bayern verlässt: Ein Teilgebiet des Tennenloher Forsts ist wegen seiner früheren militärischen Nutzung bundesunmittelbar.

Die Wanderer merken davon aber ansonsten kaum etwas – sichtbare Grenzen administrativer Art sind so gut wie gar nicht mehr vorhanden. Allenfalls dort, wo Straßen die Landkreisgrenzen überqueren, finden sich Informationsschilder, die darauf hinweisen. Für unsere Lebenswirklichkeit haben sie (außer für Geflüchtete mit Residenzpflicht) keine Relevanz. Das Gefühl »Hier bin ich zu Hause, hier kenne ich mich aus« ignoriert die administrativen Grenzen vollständig. Von Relevanz sind eher kognitive Erfahrungen, Ortskenntnisse und -erkenntnisse: Wohin komme ich? Was kenne ich? Wohin gehöre ich?

Solche Empfindungen konstituieren letztendlich eine Einteilung in ein »Wir« und ein »Ihr«, das jeweils individuell unterschiedlich ausgebildet ist. Es ist wichtig, sich diese Reziprozität von Grenzen bewusst zu machen: Das »Wir« ist das »Ihr« derer, die auf der jeweils anderen Seite stehen, und das »Ihr« deren »Wir«.

Ein Anliegen des *Bethang-Wegs* (und auch eines jeden anderen Wanderwegs!) ist es, neue Perspektiven auf bekannte und nicht bekannte Landschaften zu vermitteln. Mit dem Wandern gewinnen wir neue Erkenntnisse, das, was uns vertraut ist, verdichtet und erweitert sich. Was vorher unbekannt war, wird in unseren Empfindungs- und Erkenntnisbereich einbezogen. Vormalig Unbekanntes verbildlicht sich, wird zu unserem jeweils Vertrautem. Damit verschieben sich aber auch Grenzen. Der mit dem Wandern verbundene Erkenntnisgewinn wirkt also ähnlich wie die Dekomposition eines verschränkten Systems: Für uns entsteht eine reale Welt, die vorher nicht da war.

Die ortsbezogene Erkenntnisverdichtung hinterlässt nachhaltige Spuren in uns. Sie befördert die Identifizierung mit den Orten, die uns bekannt, uns vertraut sind. Erkenntnisprozesse sind irreversibel: Was wir einmal erkannt haben, bleibt uns meist ein Leben lang. *Bethang* darf daher als ein Strukturelement betrachtet werden, das zur Beförderung der Identifizierung mit den drei Städten und ihren Umgebungen dienen kann; ein Anliegen, das insbesondere der Erlanger Stadtplanung wichtig ist.

Mit der Verschiebung der Grenzen zwischen »Wir« und »Ihr« geht auch eine Umdeutung der Zugehörigkeitszuordnung einher. Die frühere Dichotomie zwischen Nürnberg und Fürth, deren Nachhall sich heute allenfalls in Rivalitäten erregter Fußballfans äußert, verschwimmt beim Bewandern von *Bethang*. Der Weg übt damit zu einem gewissen Grad eine Klammerfunktion aus. Unterstützt wird diese Klammerfunktion dadurch, dass vom Fränkischen Albverein neben dem *Bethang-Rundweg* auch Verbindungen zu allen umliegenden Kommunen mit teils neu markierten Verbindungs- und Rundwegen geschaffen wurden.

Als Karsten Neumann vor sechs Jahren mit seiner Stadtutopie *Bethang* auf uns zukam, war uns die Tragweite seines künstlerischen Ansatzes noch nicht bewusst. Erst auf Initiative unseres verstorbenen Ehrenpräsidenten Wolfram Unger sowie von Dr. Eckart Dietzfelbinger und Hans Treuheit aus Hersbruck konkretisierte sich das Projekt. Dass die waghalsige Umsetzung des Konzepts zwischen dem künstlerischen Anspruch, rechtlichen und wanderrelevanten Erfordernissen gelang, ist vor allem Andreas Schmidt zu verdanken, der die antagonistischen Positionen versöhnen konnte. Während der Planungsphase zeigte sich die wahre Dimension des gedanklichen Ansatzes von Neumann, dessen Gespür ganz sicherlich Impulse für die weitere Entwicklung des Verdichtungsraums NürnBErg – FürTH – ErlANGen geben wird.

Ausdrücklich gedankt werden muss auch den vielen ehrenamtlichen Markierern des Fränkischen Albvereins, die in mühevoller Arbeit ein kleines Glanzstück erschufen.

Wir wünschen allen Wanderern viele neue Erkenntnisse, vor allem aber viel Vergnügen beim Entdecken der Landschaften direkt vor den Toren der Stadt *Bethang*.

Andreas Schettler (2021 verstorben)
Wegemeisterei Fränkischer Albverein e. V.

Vorbemerkung der Autoren

*Beschreibungen, Verkehrsanbindungen, Stadt-Grenz-Eindrücke,
Grenzwertiges*

Zum Gebrauch dieses Kulturwanderführers

Für jede Etappe gibt es eine Beschreibung des Wegverlaufs mit
möglichst nützlichen Informationen und Hinweisen auf Sicht-
bares – und auch Unsichtbares, wie es aus unserer Sicht zu einer
Stadtutopie gehört. Eingefügt sind zusätzliche Blicke (Rückbli-
cke, Einblicke, Umblicke etc.) mit Erläuterungen zu Besonderheiten, Sehenswürdigkeiten oder historischen Hintergründen.
Am Ende finden Sie noch Bemerkungen zu anderen Wander-
markierungen, auf die man im Laufe der jeweiligen Etappe trifft.
Dies für alle Neugierigen und für zukünftige Planungen. – Bei
den zahlreichen, meist kürzeren *lokalen* Wegen (mit Ziffern ge-
kennzeichnet) wird kein Anspruch auf Vollständigkeit erhoben.

Wir haben uns bemüht, alle in Nähe des Wegs liegenden Gaststätten aufzuführen, trotz oder gerade wegen der Fluktuation im
Gastronomiebereich. Wir empfehlen einen Anruf – das ist besser, als sich aufgrund einer Änderung vergebens auf die Einkehr
zu freuen!

Besucher, die von fernerher zum Wandern anreisen und
mehrere Etappen gehen wollen, werden stets Übernachtungs-
möglichkeiten finden. Dabei könnten sie auch das Angebot des
ÖPNV in ihre Planung einbeziehen.

Bei der Etappeneinteilung wurde auf mittlere Weglängen
sowie eine gute Anbindung an den öffentlichen Nahverkehr
(ÖPNV) geachtet. Die umweltschonende Erreichbarkeit ohne
Privatfahrzeug ist stets gegeben. Die Etappenabschnitte sind als
Vorschläge gedacht und können selbstverständlich eigenen Be-
dürfnissen und Vorlieben angepasst werden. Deshalb werden für
unterwegs auch Rückfahrmöglichkeiten (die natürlich zugleich
auch *Zugangs*möglichkeiten bieten) vermerkt.

Der Einstieg ist vielerorts möglich: Wo man beginnt, wird
sich irgendwann der Kreis schließen.

Eine Wanderung im umgekehrten Durchlaufungssinn, also
gegen den Uhrzeigersinn bzw. den Sonnenlauf, sollte aufgrund

der in beiden Richtungen angebrachten Markierungen problemlos möglich sein. Nach wenigen Gehminuten – höchstens zwei bis drei! – müsste jeweils wieder ein Markierungszeichen zu sehen sein. Leider ist bei fehlenden Markierungen außer den häufiger werdenden Stürmen manchmal auch Vandalismus im Spiel. Die Wegemeisterei des *FAV* ist jedenfalls für Mängelanzeigen dankbar! Bitte einen möglichst präzisen Hinweis per E-Mail an info@fraenkischer-albverein.de

Und bis zur innigen Vertrautheit mit *Bethang* bitte beachten: *BEthang* wird in diesem Buch (überwiegend) noch *NürnBErg*, *BeTHang* noch *FürTH* und *BethANG* noch *ErlANGen* genannt!

Zur Einführung in Sachen Bethang

Nach einem Gesamtkonzept des Künstlers Karsten Neumann und auf seine Initiative hin ist ein etwa 130 Kilometer langer Wanderweg um die drei »Großstädte« Nürnberg, Fürth und Erlangen entstanden, die seit der Gebietsreform im Jahr 1972 vollständig an ihren Binnengrenzen zusammengewachsen sind. Das war wohl der Ausgangspunkt der Inspiration, sie zu einer neuen Qualität von »Gesamtstadt« zumindest einmal geistig zu vereinigen.

Im Jahr 2013 umrundete Neumann erstmals mit Zelt und Rucksack in einem Stück »sein« *Bethang*, nach mehr als zehn Jahren Beschäftigung mit dieser (nur noch halb-) utopischen »stadt der kultur und des geistes« – vielleicht beflügelt vom berühmten Wort »jetzt wächst zusammen, was zusammengehört«. Dabei ist Neumann auch manche Neu- und Umwertung wichtig. Er hat gute Chancen, im fernen *Bethang*-Mythos als Alleinbegründer der Stadt zu figurieren. Sein neuester Coup ist wieder kreativ »echt Neumann«: Ab 2021 läuft die Baumpflanz-Aktion »37 Bäume für Bethang« – nämlich einen für jeden Bezirk der 37 Postleitzahlen Bethangs (Nürnberg 28, Fürth 5, Erlangen 4)!

Die Bezeichnung »Metropolregion« verwendet Karsten Neumann nur in der Form »Metropolregion *Bethang*«. Er sucht ein Miteinander, keine Hierarchie – und Nürnberg war nie »Mutterstadt« (so die wörtliche Übersetzung von Metropolis aus dem Griechischen); seine Ursprünge liegen im geschichtlichen Dunkel. Mit Datum vom 8. November 1219 stellte zwar der späte-re Kaiser Friedrich II. im *Großen Freiheitsbrief* die Stadt unter unmittelbaren königlichen Schutz, andere Gemeinden in der Region sind aber teils sogar älter und haben von jeher eigenstän-digen Wert und Charakter.

Die Außengrenzen von *Bethang*, denen der markierte Wan-derweg möglichst gut folgt, sind kommunale Verwaltungsgren-zen. Nicht immer sind sie exakt begehbar, denn es gibt »Wildnis«, Gewässer und Autobahnen! Häufig entsteht der Eindruck von Übergangsbereichen: Glaubt man sich oft »in Wald und Flur«, folgen bald wieder Stadtszenarien.

Weshalb ein Grenzgang?

Wer, um Himmels willen, geht – statt zielstrebig ins Innere vorzu-dringen! – zu Fuß rings um einen Verdichtungsraum?, könnte sich mancher fragen ...

Es gibt Antworten:

Wer »vor der Haustür« wandern will, zum Beispiel! Wandern, ohne in die Ferne zu schweifen. Quasi nach innen hin orientiert bleibend, statt nach außen fort zu streben.

Wer die Peripherie »erfahren« möchte, weil das Wandern an der Grenze zwischen ländlichem Bereich und beginnender Stadtlandschaft einen ganz besonderen Reiz hat.

Vielleicht, wer sich wegen einer fundierten Auseinanderset-zung mit *Bethang* vom Rand her anzunähern gedenkt (wie man vom heißen Teller ringsum von außen isst).

Eine anfängliche Skepsis gegenüber dem *Bethang*-Grenzweg wäre nichts Ungewöhnliches, aber: Sobald man losgewandert ist, erlebt man unerwartete, lohnende Eindrücke im »dreifalti-gen fränkischen Verdichtungsraum«, eine neue Wahrnehmung dessen, was man vermeintlich schon kannte. Man merkt, wie Karsten Neumanns »*Bethang*-Ästhetik« wirkt; sie regt zum Se-hen, Fühlen und Nachdenken an!

Nebenbei bemerkt: Frankfurt hat einen rund 70 Kilometer lan-gen »GrünGürtel Rundwanderweg«, um Berlin kreierte der *Al-penverein* 2019 den »alpinen Rundwanderweg 150 km«, und rings um Wien führt auf 120 Kilometer Länge seit dem Jahr 2005 der »rundumadum-Weg«, der sich ungebrochener Beliebtheit erfreut.

Dank und Ausblick

Vor mehr als 400 Jahren erkundete der Patrizier Paul Pfinzing rings um Hersbruck den Grenzverlauf des »Nürnberger Lands«, das damals seit 90 Jahren zur Reichsstadt gehörte. Der fast 100 Kilometer lange *Paul-Pfinzing-Weg* verdankt, wie der *Bethang*-Grenzweg, Beschilderung und Markierungen dem *Fränkischen Albverein Bund* (FAV) und seiner Wegemeisterei. Dem damaligen Referenten Andreas Schettler und seinem Mitarbeiter Andreas Schmidt gebührt besonderer Dank für umfangreiche organisatorische Leistungen und die Zusammenstellung einer sehr gut wanderbaren, stets am Grenzverlauf orientierten Streckenführung. Und genauso natürlich den vielen Wege-Markierern für ihre gelungene Arbeit! Die Entfernungsangaben und die zu jeder Etappe erwähnten sonstigen Markierungszeichen folgen den Vorgaben der Wegemeisterei des Fränkischen Albvereins.

Weil der in Nürnberg ansässige Konzeptkünstler Karsten Neumann, *Bethang*-Erfinder und »Erstumrunder«, den Weg im Uhrzeigersinn durchlief, haben das auch wir, Eckart Dietzfelbinger (Nürnberg) und Hans Treuheit (Hersbruck), zur Abfassung des vorliegenden Führers so gehalten.

Statt mit Bierernst können unsere Etappenbeschreibungen durchaus mit einem Augenzwinkern gelesen werden: »Die Kunst des entfremdenden Blicks erfüllt darum eine unerlässliche Voraussetzung allen echten Verstehens. Ohne Befremden kein Verständnis ...«, meint der Anthropologe Helmuth Plessner im Essay *Mit anderen Augen ...*

Digitale Elektronik verwendeten wir nicht; es erschien uns nicht nötig. Analog-natürliches Agieren bleibt unserer Ansicht nach näher an der Welt ringsum.

Viel Vergnügen auf dieser nicht alltäglichen Wander- und Kulturreise wünschen

Eckart Dietzfelbinger und Hans Treuheit

1. Etappe
Von Nürnberg Stadtgrenze/Schloss Stein nach Fürth-Burgfarrnbach

Ausblick

»Und jedem Anfang wohnt ein Zauber inne ...« (Hermann Hesse) – Schöne Wege, Wasser, Wald, Steinbrüche mit Felsenkeller, ein Schloss mit Museum, eine alte Kirche ...

Weglänge: 17,3 km, wenige Steigungen
Netto-Gehzeit: gut 4 Std., plus einiges Verweilen
Wegverlauf: Stadtgrenze Nürnberg/Stein – Rednitz – Kanal – Alte Veste – Weiherhof – Burgfarrnbach
Hinweis: Etappe kann etwa in der Mitte am Haltepunkt *Alte Veste* der *Rangau-Bahn* unterteilt werden
Start: am *Schloss Faber-Castell* in *Stein*; mit der U-Bahn U2 zur Endhaltestelle *Röthenbach*, von dort weiter mit den Buslinien 63/64 zur Haltestelle *Stein-Schloss.* (Auch von *Fürth Hbf.* oder *Frankenstraße/U1* mit Bus 67.) Außerdem S-Bahn S4 nach *Unterasbach* möglich; von dort an der Steiner Straße ca. 900 Meter zum *Bethang*-Rundweg
Rückfahrt: von *Burgfarrnbach* mit Buslinie 172 bis *Fürth Klinikum/ U1* bzw. *Fürth Hbf.*, oder mit den Regionalbahnen R1 und R12 vom *Bf. Fürth-Burgfarrnbach*
Halte unterwegs: am *Hainbergsteg* führt ein Stichweg nach *Gebersdorf* zur Bushaltestelle *Bibertstraße,* Linie 67 (nach *Fürth Hbf.* bzw. *Röthenbach/U2, Frankenstraße/U1*). Nähe *Rednitz-Fernabrücke* Haltestelle *Fürth Süd,* Bus 67 (s.o.), u. a. Busse 70, 71, 72 (nach *Gustav-Adolf-Straße/U3*). Haltepunkte *Alte Veste* sowie *Weiherhof* der *Rangaubahn R11* nach *Fürth Hbf.*; in *Weiherhof* nahebei auch Bus 178 nach *Fürth Hbf.*
Einkehrmöglichkeiten: mehrere Gaststätten in *Stein* (*Konditorei Mitterer,* gegenüber der Kirche seit 1898 – von Karsten Neumann empfohlen!) und in *Burgfarrnbach; Alte Veste Zirndorf* (Tel. 0911/92318855, www.alteveste.events); in *Weiherhof: Gasthaus Weiher-Hof* (Montag geschl., Tel. 01 76/60 17 78 57) und *Ristorante Minneci santino* (Montag geschl., Tel. 09 11/21 01 11 35); im Sommer (nicht jeden Wochentag – vorher anrufen!) *Felsenkeller Burgfarrnbach* (Tel. 09 11/7 52 06 21)

An der Stadtgrenze zwischen *Nürnberg* und *Stein*, in Nähe der Haltestelle *Stein-Schloss*, beginnt an der großen Straßenkreuzung direkt vor dem Schloss die *Bethang*-Markierung.

Einblick

Das Faberschloss, auch »Steiner Schloss« oder »Bleistiftschloss« genannt, gehört wirklich zu Stein, der angrenzende Faberpark dagegen zu Nürnberg. Es ist ein Beispiel für den »Historismus« in Franken: 1843 bis 1846 wurde das Alte Schloss durch Architekt Friedrich Bürklein im Stil der Neorenaissance erbaut. Gräfin Ottilie von Faber und Alexander zu Castell-Rüdenhausen, inzwischen durch Buch und Film ziemlich bekannt, ließen 1903 bis 1906 das Neue Schloss nach Plänen von Theodor von Kramer im Stil der deutschen Neoromanik erbauen. Altes und Neues Schloss, Wintergarten, Kapelle und Kreuzgang gruppieren sich um einen Innenhof. Der Glockenturm verbindet beide Schlösser und ist ein Wahrzeichen von Stein.

Im Jahr 1761 gründete Kaspar Faber die »Bleystiftwerke«; sie gelten als das älteste Industrieunternehmen der Welt. Lothar von Faber, Wegbereiter des

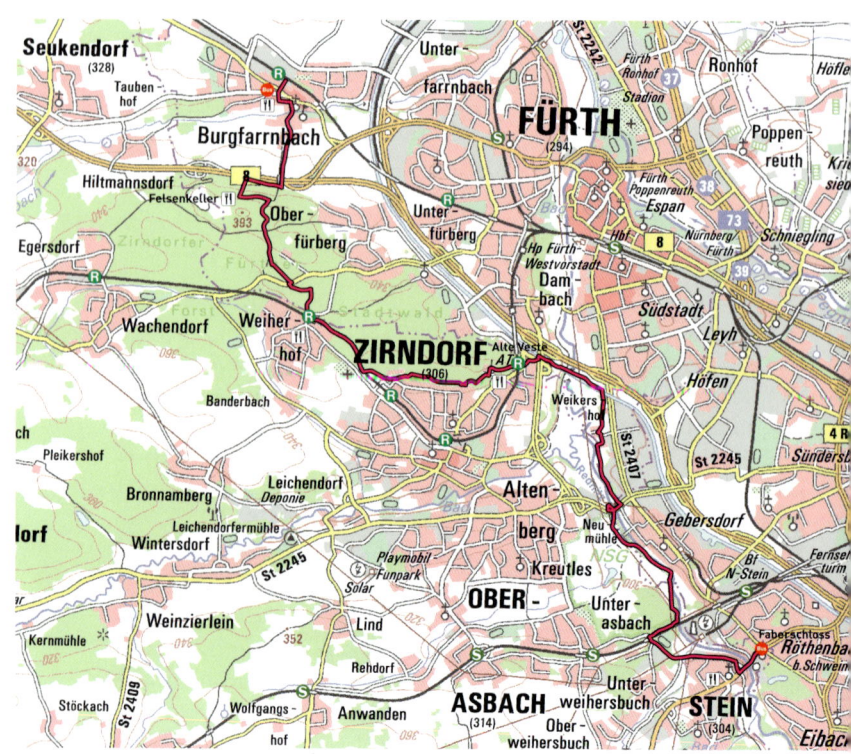

Die Rednitz in Stein

Markenschutzgesetzes, wurde 1862 in den persönlichen Adelsstand und 1881 in den erblichen Freiherrnstand erhoben. Kurz vor dem Zweiten Weltkrieg beschlagnahmte die Wehrmacht das Schloss. Nachdem es den Krieg nahezu unversehrt überstanden hatte, zogen amerikanische Besatzungstruppen ein. Bis 1949 wohnten hier Journalisten, die über die Nürnberger Prozesse berichteten. Der Militärsender »AFN Nuremberg« unterhielt bis zum Umzug ins Grand Hotel einige Jahre lang hier seine Studios. Seit den 1980er-Jahren wird die Anlage für Veranstaltungen genutzt.

Ein Zubringer bzw. Stichweg leitet uns auf der linken Straßenseite 500 Meter weit zum *Bethang*-Rundweg. Wir folgen der *Nürnberger Straße* abwärts (die vielleicht zur besseren Orientierung demnächst in *Bethanger Weg* umbenannt werden sollte). Nach ausladenden Faber-Castell-Gebäuden überqueren wir die *Rednitz*. Hinter der Einmündung der *Gerasmühler Straße* (hier kommt die 10. Etappe des *Bethang*-Wegs von links, s. S. 128f.) geht es nach rechts in den *Feuerweg* hinein. Es folgt der äußere Teil der langen, sehr divers bebauten *Mühlstraße*. Zur Rechten verkörpert das mächtige *Großkraftwerk Franken* unübersehbar den heutigen Spitzenlast-Energie-Hunger. Es wurde 1976 fertiggestellt, hat Gas- und Ölbetrieb, einen himmelhohen 150-Meter-Schlot und dickliche Kühltürme. Die Markierung

Großkraftwerk Franken zwischen Gebersdorf und Stein: Nach Großbrand am 8.02.2021 rief Nürnberg bei Corona und klirrender Kälte den Notstand aus!

führt am *Waldsportpark* vorbei zur Bahnunterführung. Direkt hinter ihr beim *Bethang*-Wegweiser scharf nach rechts einbiegen. Ab jetzt gehen wir längere Zeit auf angenehmen Wegen durch die Natur.

Hinweis: Zu dieser Bahnunterführung kann man auch von der Haltestelle *Unterasbach* mit der S-Bahn S4 gelangen. Man folgt circa 900 Meter der Steiner Straße.

Wir wandern ein Stück längs der Bahnlinie, dann links in den Wald hinein und abwärts zum *Naturschutzgebiet Hainberg*. Die Beweidung mit Schafen bekommt dieser größten *Sandmagerrasenfläche* Nordbayerns – ein Mosaik verschiedener Biotope wie Dünen, Heiden, Wälder, parkähnliche Landschaften und Teil der *Sandachse Franken* – ersichtlich gut.

Mit der verführerisch schönen Rednitz (man möchte dauernd Brotzeit machen ...), unserem ersten *Bethang*-Fluss, bleiben wir auf Tuchfühlung. Ebenso hinter unserem Rücken das gewaltige Heizkraftwerk, das sich naturgemäß gern an ein kühlendes Flüsschen heranmacht! Die ganz genaue *Bethang*-Grenzlinie könnten wir des Öfteren nur schwimmend einhalten, denn sie verläuft in Flussmitte.

In Richtung einer Stromtrasse zeigt sich am Horizont, ganz schön weit entfernt, der Turm der *Alten Veste*, unserem Zwischenziel.

Stein gehört zum Landkreis *Fürth,* nun betreten wir aber kurz *Nürnberger* Terrain. Der *Hainbergsteg,* der nach *Gebersdorf* hinüberführt, bleibt (normalerweise) rechts liegen. (Wir können uns hier aber auch über den Steg zur Bushaltestelle *Nürnberg Bibertstraße* der Linie 67 führen lassen.)

Es geht links der *Rednitz* weiter. (Hier ist uns am helllichten Tag ein Fuchs begegnet und hat sich gemächlich trabend zurückgezogen!) Von links kommt der *Asbach* geflossen – alkoholfrei, hoffentlich! Wir unterqueren das Getöse der vierspurigen *Rothenburger Straße,* eine schon zur Zeit der Fuhrwerke und Fußgänger wichtige Verbindung zweier *Freier Reichsstädte.*

Rückblick

Von Juli bis September 1632 standen sich Gustav Adolfs Söldner (an die 27.000 Landsknechte, 17.000 Kavalleristen und Artillerie) bei Nürnberg sowie Wallensteins Söldner (über 50.000 Landsknechte, ein Tross von 10.000 Menschen und 15.000 Pferden) im Gebiet von Zirndorf und Oberasbach (Hainberg), nahe der Nachbarstadt Fürth, direkt gegenüber. Der zweimonatige Stellungskrieg verwüstete die Region um Nürnberg und löste in der von Flüchtlingen und Soldaten überfüllten Stadt durch Hunger und Seuchen ein Massensterben aus. Ganze Dörfer waren entvölkert. Am 3. September 1632 griffen die schwedischen

Pavillon der Gustav-Adolf-Quelle/Gaggerlas-Quelle

Truppen Wallensteins Lager am Höhenzug der Alten Veste an (»Schlacht an der Alten Veste«). Hier war in drei Tagen ein 16 Kilometer langer Wall zur Verteidigung des Lagers errichtet worden. Das verheerende Gefecht bedeutete Tausende Tote auf beiden Seiten. Der Angriff wurde abgeschlagen, die Schweden mussten ihn nach zwei Tagen abbrechen. – »Die Türme stehn in Glut, die Kirch ist umgekehrt, das Rathaus liegt im Graus, die Starken sind zerhaun, die Jungfraun sind geschänd't, und wo wir hin nur schaun, ist Feuer, Pest und Tod, der Herz und Geist durchfähret« schreibt, zu vergleichbarem Anlass, Andreas Gryphius im Jahr 1636. – »Dreißig Jahre lang wurde Deutschland zum Vietnam der Barockzeit.« (C. Amery, 1976)

Wir sind nun in der Gegend, wo in etlichen Jahren – wenn der *Bethang*-Idee zu den geistigen Flügeln längst ordinäre Füße gewachsen sind – der historisch bewanderte Wanderer sagen wird: »Unglaublich – einst sollen hier Grenzen zwischen Städten bestanden haben ...«

Aha, wir betreten *Fürther* Stadtgebiet! Kaum unter der *Rothenburger Straße* durch, schwenken wir vor der alten Brücke der ehemaligen *Bibertbahn* – auch *Bibertbärbala* oder schlicht *Bärbel* genannt, in Betrieb von 1875 bis 1993 – in eleganter Linksschleife zur Straße hoch, direkt zum Ortsbeginn von *Oberasbach.* Oberhalb eines Kajak-Parcours der Kanu-Abteilung SGV 1883 Nürnberg-Fürth auf der *Fernabrücke* über die quicklebendige, wild strömende Rednitz und unter einer alten Bahnbrücke durch. (Geht man hier gut 100 Meter geradeaus zur Kreuzung mit der *Gebersdorfer Straße* weiter, findet man mehrere Bushaltestellen; Verbindung zur U3 – deren Verlängerung bis fast hierher schon in Angriff genommen ist.) Unsere Markierung biegt zum *Buckweg* ab, längere Zeit nun auf Asphalt ins Landschaftsschutzgebiet führend. Rechts der *Rednitz* weiter. Wir berühren am *Heilquellenweg* die ums Jahr 1902 über 700 Meter tief in den Grund gebohrte *Gustav-Adolf-Quelle,* die bis 1953 ein Schwimmbad speiste. Das aus ihr geförderte Mischwasser wurde mit Kohlensäure versetzt in den Handel gebracht. Sie heißt im Volksmund *Gaggerlas-Quelle*: Wegen des Schwefelgehalts riecht das Wasser nach faulen Eiern. (*Gaggerla,* fränkisch für Ei – Hennen *»gaggern«* beim Eierlegen!)

Bei einzelnen Häusern von *Weikershof,* wo von Westen kommend das Flüsschen *Bibert* mündet, werden wir ein Stück auf

Main-Donau-Kanal mit Pyramide

einem Radweg geleitet. Nach einer Weile grüßt – und grüßt über längere Zeit– aus über 40 Metern Höhe eine gläsern-grün-blaue, recht spätägyptisch anmutende Pyramide, die so aus den 1990er-Jahren nach Christus stammt. Sie beherbergt höchstwahrscheinlich keine Grabkammern, eher vielleicht ein Hotel. (Links drüben, ganz nah bei den Büschen, sahen wir eine Gruppe Rehe – das nennt man waidmännisch einen »Sprung« – ruhig äsen.)

Jetzt geht's, umkreist von Möwen (ob Lach-, Zwerg-, Sturm- oder gar – unwahrscheinlich! – Dünnschnabelmöwen, dazu können wir mangels Kompetenz nichts sagen), hoch zum durch Schiffsverkehr wenig strapazierten Wasser des *Main-Donau-Kanals*. Wir begleiten es auf seiner Brücke in schwindelnder Höhe über das tief unten gründelnde *Rednitz*-Wasser hinweg. (Die 171 Kilometer lange, nicht unumstrittene *Bundeswasserstraße* ist hier 1972 fertiggestellt geworden.) Die *Rednitzwiesen* unter uns sind zwecks Trinkwassergewinnung gelöchert und durchbohrt. Unsere Markierung kreuzt die Zufahrt zum Europakanal. Dann in Beton-dominierter Umgebung unter der massiven *Zirndorfer Brücke* durch und beim *Bethang*-Wegweiser links aufwärts. Nach rechts, bezeichnenderweise durch eine *Fuggerstraße* (Kapital und Militär mögen sich halt seit jeher sehr), zum Haltepunkt *Alte Veste* der *Rangau-Bahn*. Diese fährt eingleisig von *Fürth* nach *Cadolzburg* – und wieder zurück. Hier wird einem nostalgisch zumut; es kömmt einem vor, als sei das Haltepunkt-Häuschen so circa Ende des drittletzten Kriegs erbaut.

Im schönen Wald (hoffentlich stimmt's noch – das ändert sich ja manchmal recht schnell), der von der Qualität des etwas nördlicher gelegenen *Fürther Stadtwalds* ist, nun wieder auf angenehmem natürlichen Fuß-Grund, geht es zusammen mit dem *Theodor-Bauer-Weg* in ein paar Minuten empor zum Fuß des Aussichtsturms. Daneben wartet zur Rekreation das *Gasthaus Alte Veste*, ab Frühjahr 2020 durchaus neuzeitlich mit Eventgastronomie (d. h. Ritteressen, Krimidinner und evtl. sogar einem Turmfest), jedoch auch mit »fränkischen Schmankerln«. Unterhalb, d. h. unter der Bierterrasse, entsteht mit dem »Schwedensaal« ein neuer Veranstaltungsraum.

Rückblick

Immer wieder treffen wir bis Zirndorf auf Markierungszeichen und Hinweise zum »Erlebnisweg Wallensteins Lager«. Die Alte Veste wurde durch ein Geschlecht »von Berch« ums Jahr 1230 auf dem Rosenberg errichtet und 1388 im Krieg zwischen dem Schwäbischen Städtebund und den bayerischen Herzögen geschleift. (Die kleineren Reichsstädte fürchteten, unter Karl IV. als Pfand an reiche Adlige zu geraten, wie es Donauwörth widerfuhr. Sie gründeten einen Bund, was der Kaiser als Rebellion sah und zum Anlass nahm, den Reichskrieg gegen sie zu

Haltepunkt Alte Veste der Rangaubahn

eröffnen. 1377 siegten Bürger und Gesellen des Schwäbischen Städtebunds bei Reutlingen, wurden aber 1388 geschlagen – vom Heer Graf Eberhards II. von Württemberg mit dem Burggrafen Friedrich von Nürnberg. 1389 kam es durch den Landfrieden von Eger unter König Wenzel zur Auflösung der Städtebünde.) Die Grundsteinlegung zum Aussichtsturm der Alten Veste erfolgte erst 1832; man gedachte der »Schlacht an der Alten Veste«, die hier 200 Jahre zuvor tobte (s. Rückblick S. 29f.).

Zu einem ein bisschen späteren Krieg: Am 17. April 1945, kurz vor Ankunft der Alliierten, wurde der Aussichtsturm vom Militär gesprengt. Der Wiederaufbau erfolgte erst 1979/80.

Trotz heftigeren Schnaufens und evtl. unwilliger Knie: Unbedingt die 170 Stufen der acht Stockwerke hinaufsteigen wegen des wirklich tollen Blicks über ganz Bethang und darüber hinaus!

Danach passieren wir in Richtung *Weiherhof* auf interessantem Weg, an den obersten Häusern von *Zirndorf* sowie älteren Wasserreservoirs entlang (1908 zur Versorgung *Zirndorfs* angelegt, mit einem Fassungsvermögen von 500 Kubikmetern), jede Menge Schlüchtchen, Trichter und Sandsteinfelsen. An Wällen und Nachbauten der Schanzen des Wallenstein-Lagers des Dreißigjährigen Kriegs können wir einiges erfahren. Dann folgen die Redoute (von den »schwedischen Finnen« erobert) und wunderbare, hoffentlich unblutige Abenteuerspielplätze der heutigen Zeit, für Jüngere. (Nach unten sind's nur 150 Meter zum Haltepunkt *Kneippallee* der *Rangau-Bahn*. Nicht weit von dort, im Städtischen Museum Zirndorf, www.zirndorf.de, Tel. 0911/960 605 90, wartet reizvolles, nostalgisches »Blechspielzeug aus heimischer Industrie« – und mehr! Nicht nur auf Kinder, sondern auch auf Größere, Junggebliebene.) Am *Heusenberg* entlang, wo man sich vor dem Eichenprozessionsspinner in Acht nehmen muss, erreichen wir vor dem *Waldfriedhof* die Bahngeleise. Sie begleiten uns bis zum Haltepunkt *Weiherhof*. (Dort liegt die Bushaltestelle Linie 178 nach *Fürth Hbf.* gleich jenseits der Geleise, an der *Weiherhofer Hauptstraße*). Die Straße *Beim Haderlach* wird zum Parkplatz hin überquert. (Hier ja nicht – sich von Bethang enfernend – westlich weiter! Da geht's Richtung Dillenberg, wo im Februar 2020 ein leibhaftiger Wolf fotografiert wurde! Sollte Letzterer auftauchen, keinesfalls davonrennen, sonst passt man ins Beuteschema!)

Ab hier durch malerisches Gelände mit ehemaligen Sandsteinbrüchen aufwärts. Kaum zu glauben: Aus ihnen soll – angeblich! – halb *Fürth*, wenn nicht sogar halb *Nürnberg*, (nach der Regel »Kreiszahl Pi mal Daumen« berechnet aus der Einwohnerzahl) schier an die 40 Prozent von *Bethang* erbaut worden sein ...

Endlich kommt im Abstieg der *Burgfarrnbacher Felsenkeller*, 1863 als Hopfenlager und Fasshalle für die damalige *Schloss-Brauerei* erbaut; *Grüner Bier* gibt's erst in jüngster Zeit. Von hier geht's weiter zum Nadelöhr der Brücke, die uns über die röhrende, breite, schon seit Jahrzehnten das ganze Land entzweischneidende *Südwesttangente* hinweghilft. Von der Brückenmitte aus sehen wir im Osten den Buckel des *Moritzbergs* genau über der Schnellstraße schweben, wie den Mond über bellenden Hunden. Deutlich links von ihm ruhen entspannt, jenseits von ganz *Bethang*, die westlichen Höhenzüge der *Fränkischen Schweiz*.

Aussichtsturm Alte Veste

Unsere Schritte zielen, nach längerer Zeit wieder auf künstlichem Untergrund, genau auf den stattlichen »Fünfknopf-Turm« (erbaut um 1490) der *Johanniskirche* von *Burgfarrnbach,* die schon 1287 erwähnt wird. Der Turm ist, in den höheren Stockwerken, von einem Turmfalken- oder vielleicht sogar von einem noch rareren Wanderfalken-Pärchen bewohnt. Die Kirche ist leider nicht immer geöffnet, eine Besichtigung lohnt aber auch »von außen«.

Kurz davor passieren wir erst beim Kleingartenverein »Auf der Hut« die ehemalig sehr beliebte Gastwirtschaft *Florysche Restauration,* dann das *Burgfarrnbacher Schloss.* Außerdem führt unser Einzug im seit 1923 mit elf Quadratkilometern größten *Fürther* Stadtteil am Ortsschild *Wissenschaftsstadt Fürth* vorbei (heute hat Fürth etwa 129.000 Einwohner!) sowie an etwas ganz Besonderem, vom Aussterben Bedrohtem: einem richtigen alten Bauernhof mit »städtischer« Viehhaltung.

Einblick

Am Südrand von Burgfarrnbach lockt ein Abstecher durchs Tor des Schlosses. Es wurde von 1830 bis 1834 erbaut, unter den Reichsgrafen von Pückler-Limpurg, und zwar von der fränkischen Linie, die inzwischen ausgestorben ist. Im älteren Marstall (von 1734), gleich hinterm Tor, kann man das Museum Frauenkultur Regional-International besuchen. (Informationen: Tel. 09 11/5 98 07 69, 0911/98 20 54 64, www.fraueneinereinenwelt.de/museum)

Burgfarrnbach, wohl ursprünglich ein Königshof, taucht schon 903 in einer Schenkungsurkunde auf (deutlich vor *Fürth* an seiner Rednitz-Furt, das Heinrich II. anno 1007 dem neu gegründeten Domkapitel Bamberg vermacht), hat einen sehenswerten Ortskern und eine bewegte Geschichte mit den hier ringsum üblichen Zerstörungen. (Wir werden öfter darauf zu reden kommen müssen.) Knapp vor der Kirche halten wir uns nach links aufwärts und gelangen durch die *Seilersgasse* zur *Würzburger Straße,* der Hauptstraße längs durchs ehemalige Straßendorf. Die *Bethang*-Markierung überquert den *Kapellenplatz* und führt durch die *Söldgasse* zum nahen Bahnhof *Fürth-Burgfarrnbach.* Wir können aber auch, an der *Würzburger Straße* entlang, ohne Markierung kurz nach links zur Haltestelle *Libellenweg* der Linie 172 gehen. Dieser Bus verkehrt häufiger als die Regionalbahnen vom *Bf. Fürth-Burgfarrnbach.* Dank sei dem

Am südlichen Ortsrand von Fürth-Burgfarrnbach

VVB – Verkehrsverbund Verdichtungsraum Bethang! (... ein kleiner Scherz: erst einmal immer noch *VGN*!)

Überblick

Das Kleeblatt des Fürther Wappens (und ich meine ausdrücklich nicht das rachitische Exemplar über der Bühne des Stadttheaters, das von Goldbronze und unbekleideten, offenbar der Leibesertüchtigung frönenden Damen bedrängt wird) erscheint im Jahr 1562. Es könnte die Dreiherrschaft der Markgrafen von Brandenburg-Ansbach, der Reichsstadt Nürnberg und des Domkapitels Bamberg über den stadtmauerlosen Marktflecken – der 1818 eine bayerische Stadt 1. Klasse wird! – symbolisieren. Oder ist es vielleicht Sinnbild für das einvernehmliche Zusammenleben von Katholiken, Protestanten und Juden, das es hier lange Zeit gab? Schön wär's! Wahrscheinlich bringt es aber, wie die Spitzen im zackigen weiß-roten »Franken-Rechen«, die göttliche Dreieinigkeit zum Ausdruck. – Wir beschließen, im Kleeblatt einen vorwegnehmenden Hinweis auf das dreifaltig verbundene Bethang zu sehen!
Übrigens: Eine Volksabstimmung hat 1922 verhindert, dass Fürth ein Nürnberger Stadtteil wurde. (Dann vielleicht NüFü? Oder BeTh?) 65 Prozent der Bürger stimmten dagegen. Anders als dem Stadtrat schien ihnen auch in Notzeiten die Eigenständigkeit wichtiger. – Genau 50 Jahre später regte sich bei der bayerischen Gebietsreform und ihren Eingemeindungen vielerorts ebenfalls langer Widerstand.

Am Schluss unserer Grenz-Erwanderung laden schöne Gasthöfe ein. Vielleicht könnten wir das Glas heben auf Karsten Neumann, Künstler und *Bethang*-Vordenker, der den Dreiklang-Grenz-Rundweg als Erster unter die Sohlen genommen hat!

Weitere wichtige Markierungen auf dieser Etappe in der Reihenfolge ihres Auftretens:

Blaue 1, Zugangsweg, 1 km
Grüner Ring, Abenteuer-Familienweg, 4 km
Maria mit Kind, »Fränkischer Marienweg«, neue Westroute, 411 km
Blauer Ring, »Steiner Rundgang«, 20 km
Allianz-Symbol, Biberttal – Dillenberg, 51 km
Geländeumriss mit 3 Zelten, Erlebnisweg Wallensteins Lager, Rundweg um Zirndorf-
        Oberasbach-Stein, total 20 km
Blauer Punkt, »Theodor-Bauer-Weg«, Fürth – Spielberg, 108 km
Rotes Schrägkreuz, »Burggrafenweg«, Fürth Hbf. – Ipsheim, 52 km
Kleeblatt, »Fürther Naturpfad«, Rundweg im Stadtwald Fürth, 22 km
Gelbe 1, Rundweg im südlichen Stadtwald, 6 km
Stadtwappen Marmaris, »Marmarisweg«, Städtepartnerschaft-Rundweg, 11 km
Roter Punkt, Schwabach – Weisendorf, 51 km
Gelbe 2, Rundweg südlich Burgfarrnbach, 8 km
Blauer Strich, Jean-Haagen-Weg, Fürth Hbf. – Rothenburg o. d. Tauber, 80 km
Grüner Punkt, Dr.-Enslin-Weg, Heilstättensiedlung – Burgfarrnbach, 10 km
Grüne Raute, »Farrnbach-Wasserachse«, Vach– Seukendorf, 11 km
Grünkreuz, Heinrich-Bauer-Weg, Burgfarrnbach – Dürrnbuch, 25 km
Rote Raute, Verbindungsweg Fürther Kirchenrunde, Veitsbronn – Seukendorf, 10 km
Blaues Kreuz, Burgfarrnbach – Ansbach, 60 km

2. Etappe
Von Fürth-Burgfarrnbach
nach Erlangen-Frauenaurach

Ausblick

Durch einzigartige Stadtblicke sehr unterhaltsame Etappe auf teils geradlinigen, leider harten Wegstrecken (gut fürs Fahrrad geeignet!). Diesen Abschnitt sollte man unbedingt bei möglichst klarer Sicht kennenlernen, sonst versäumt man das Beste! – Nach »Vor-Bethang-Sichtweise« erfolgt der Wechsel von Fürth nach Erlangen.

Weglänge: 12,2 km, kaum Steigungen
Netto-Gehzeit: 3 Std., plus Zeit zum Staunen
Wegverlauf: Burgfarrnbach – Rothenberg – Untermichelbach – Kriegenbrunn – Frauenaurach
Start: in *Burgfarrnbach*; am bequemsten zum *Bf. Fürth-Burgfarrnbach* mit den Regionalbahnen R1/R12 von *Nürnberg* bzw. *Fürth;* oder mit der U-Bahn U2 bis Haltestelle *Fürth Klinikum* bzw. mit der S-Bahn S1 bis *Fürth-Unterfarrnbach;* dann jeweils weiter mit Buslinie 172 (auch von *Fürth Hbf.*) nach *Burgfarrnbach* zu den Haltestellen *Regelsbacher Straße* oder *Libellenweg*
Rückfahrt: von *Frauenaurach* mit der Buslinie 281 nach *Erlangen Hbf.* bzw. *Hugenottenplatz*
Halte unterwegs: in *Rothenberg* und *Untermichelbach* Bushaltestellen Linie 126 nach *Fürth Klinikum*; in *Kriegenbrunn* Haltestellen *Bruckweiherstraße* oder *Feuerwehrhaus*, Linie 281, nach *Erlangen Hbf.*; von Bus 281 bei Haltestelle *Paul-Gossen-Straße* Umstieg auf S1 möglich
Einkehrmöglichkeiten: mehrere Cafés/Gaststätten in *Burgfarrnbach* direkt an der Straße und in *Frauenaurach* (z. B. bei der Kirche in der Wallenrodstraße *Restaurant Olive*, Tel. 0 91 31/6 87 78 48, Montags geschl.)

Falls man per Bus in *Burgfarrnbach* ankommt und zuerst das Schloss oder die altehrwürdige *Johanniskirche* ansehen will, steigt man an der Haltestelle *Regelsbacher Straße* aus. Nach der Besichtigung (ungefähr) zurück zur Haltestelle und am Bürgersteig ohne Markierung zur Ampel. Dort gerade über die Kreuzung und 200 Meter an der *Würzburger Straße* entlang zum

Kapellenplatz. Ansonsten besser erst beim *Libellenweg* aussteigen und 80 Meter zurück zum schönen *Kapellenplatz* gehen. Dort beim *Bärenbrunnen* unbedingt Zeit nehmen und die Inschrift oberhalb der Tür von Haus Nummer 4 gründlich studieren – denn wem gehört so ein Haus nun auf längere Sicht eigentlich?

Die *Bethang*-Markierung kommt hier von der 1. Etappe aus der *Seilersgasse* und führt weiter in die *Söldgasse.* Nach 200 Metern ist der *Bf. Fürth-Burgfarrnbach,* ein wenig rechts gelegen, erreicht. Durch die Fußgängerunterführung und am Friedhof vorbei, links in die *Veitsbronner Straße* und kurz danach rechtwinklig von der Straße ab in die weiten, freien, flachen Felder. »Die Krähen schreien und ziehen schwirren Flugs ...«, schreibt Nietzsche. Hier gibt's wirklich viele davon, aber sie krächzen und picken im Acker rum. Im Süden zeigt sich weit entfernt der Turm der *Alten Veste* sowie näher der stolze, leicht verfremdet auftretende Fünfknopf-Kirchturm.

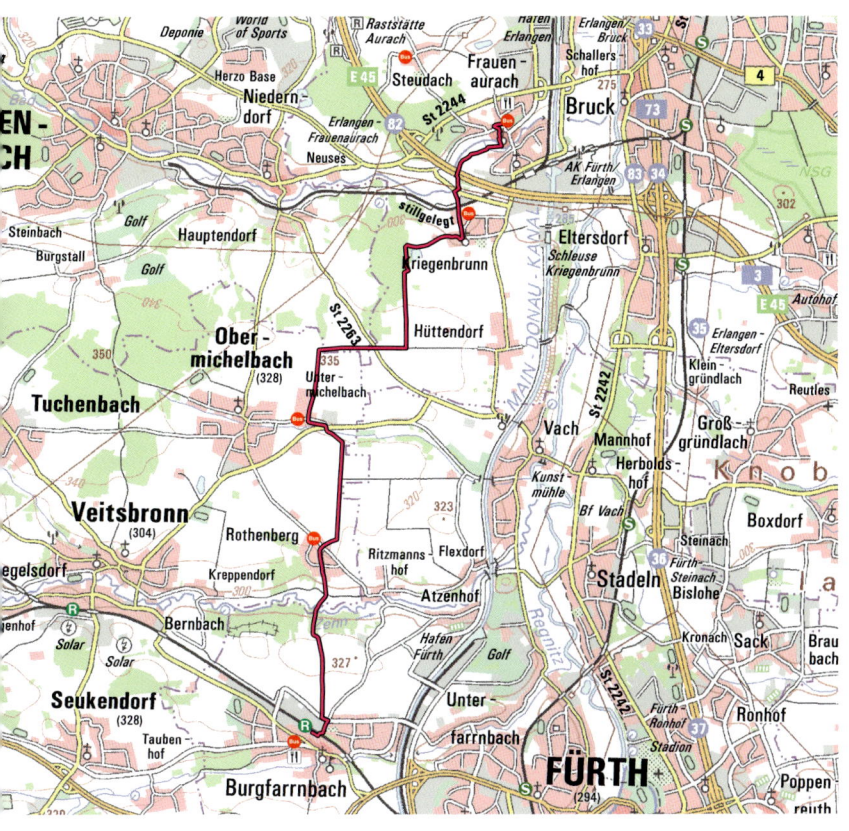

Einblick

Nicht weit zur Rechten erhebt sich auf 57 Höhenmeter ein begrünter Deponiehügel vom Volumen der Cheopspyramide, der von 1968 bis zur Schließung und Versiegelung 1999 hochgemüllt wurde. Er kann innere Gasentwicklung und südseitig auf einer Fläche von 1,7 Hektar Solar-Modul-Bestückung, alles mit beachtlicher Leistung, vorweisen. Durch organische Abfälle entsteht Gas, das seit 1993 durch »Gasbrunnen« zur Strom- und Wärmeerzeugung gewonnen wird. Wegen dieser Vergärungsvorgänge schrumpft der Berg jährlich um einige Millimeter, und das soll noch ein paar Jahre so weitergehen! – Noch dazu mutierte dieser »Solarberg« (Stadelner Str. 80, 90768 Fürth; geöffnet rund um die Uhr) in ein Naherholungsgebiet mit vielen Pflanzenarten. Für heute ist er uns wohl trotzdem zu abgelegen ...

In dieser Gegend könnte eine Szene der ergreifenden Erzählung »Schläfst du, Mutter?« des zu seiner Zeit, bis zum Machtantritt der Nationalsozialisten, weltberühmten Fürther Schriftstellers Jakob Wassermann (1873 bis 1934) spielen: »Nichts fesselte das Auge hier, und stets sah man die schwere, gleichförmige Linie des Horizonts; aber dies Flachland birgt Schönheiten, die denen der Nacht verwandt sind.« (Kurz davor heißt's allerdings: »Dies Fürth ist doch eine häßliche Stadt.«)

Hinter einem Waldriegel geht's auf einem Steg über das niedliche Flüsschen *Zenn*, das durch sein natürlich wirkendes Tal daherkurvt. Leicht ansteigend nach *Rothenberg*, zur Gemeinde *Obermichelbach* gehörend, also außerhalb *Bethangs* gelegen.

Inschrift am Kapellenplatz in Burgfarrnbach

Durch weite, flache, freie Felder – nördlich von Burgfarrnbach

Hier unterhält uns breit-gediegene Vorort-Stadtrand-Bebauung. Hinter dem winzigen Ortskern queren wir die *Obermichelbacher Straße* (die hier in die *Ritzmannshofer Straße* übergeht) und begeben uns bald mit scharfem Knick nach links auf den zwei Kilometer langen, schnurgeraden *Flexdorfer Weg*. (Der *Fürther* Ortsteil *Flexdorf* liegt zwei Kilometer östlich.) Leider marschieren wir längere Zeit schon, und auch weiterhin, auf recht harter Unterlage – nun wieder durch weite, freie, flache Felder, tief unterhalb der je nach Windrichtung startenden/landenden Flugzeuge des *Verkehrsflughafens Bethang* (zur Namensproblematik s. 6. Etappe, S. 88). Das Auge schweift gen Ost und Ostnordost zu den entspannt am Horizont lagernden Frankenalb-Zügen.

Wir halten uns nach vorsichtiger Überquerung der Straßenverbindung *Vach-Veitsbronn* hinein nach *Untermichelbach,* am Gewerbegebiet. (Trotzdem rüttelte dort lange ein Falke für uns!) Nicht nach *Obermichelbach* weiter, das ein wenig außerhalb von *Bethang* liegt, sondern beim *Bethang*-Wegweiser abbiegen (Bushaltestelle Linie 126 nach *Fürth Klinikum*) und vorbei an älteren Gehöften und Pferden im *Triebweg*. (Nein, nicht Libido – Viehtrieb!) (Hier winkte uns deutlich eine große Weihe – genauer: ein Rotmilan – mit formschön gegabeltem Schwanz.) Nach einem Kilometer auf Asphalt kommt bei einem Reitplatz endlich ein Rechtsknick, auf *Hüttendorf* zu.

Wiederum enthüllen sich schier atemberaubende An- und Ausblicke, besonders kurz vorm Erreichen der querenden

Herzogenauracher Straße, wo gleich links der Landkreis *Erlangen-Höchstadt* beginnt. Ganz rechts, im Süden, ist zum letzten Mal winzig klein der Turm der *Alten Veste* vom vorherigen Wandertag (s. S. 32f.) sichtbar. Doch vor allem bietet sich ein unvergleichlicher Blick über fast das ganze *Nürnberger* Stadtgebiet. Die *Kaiserburg* kauert wie ein verlockendes Kinderspielzeug winzig klein vor uns. Rechts davon, weit hinter dem 135 Meter hohen Versicherungsturm, erkennt man den *Dillberg* mit einigen dünnen Fädchen am Gipfel – die kaum noch erkennbaren himmelhohen Sendeantennen! Davor hingebreitet sind turmähnliche Bauten jüngerer Art sowie Miniaturtürmchen älterer Art (der angeblich einstmals getrennten Städte Nürnberg und Fürth – unvorstellbar!). Wir lassen *BeTHang-FürTH* hinter uns und kommen aufs (einstige) *ErlANGer* Territorium. Vom *Michelbacher Weg* – erste Fernblicke nach links möglich! – dürfen wir Gott sei Dank nach 300 Metern abbiegen, vor eingezäunten Gebäuden, die ihren Zweck auch bei näherem Hinsehen nicht offenbaren. Beruhigend, dass sie laut Beschriftung »FWF« zur Fernwasserversorgung Franken gehören ...

Ausblick: Wie weit ist's denn bis dorthin?

Ein Turm – ein Schlot ... es ist schwer zu schätzen, wie weit sie entfernt sind! Leichter als in Blickrichtung lassen sich Entfernungen quer zur Blickachse abschätzen, und zwar mittels Daumensprung: Man kneift ein Auge zu und peilt z. B. den Turm/Schlot über den Daumen des gestreckten Arms an. Jetzt öffnet man das bisher geschlossene Auge und macht das andere zu – der Daumen scheint vom Turm/Schlot wegzuspringen. Die Geometrie liefert folgende Regel: Die Entfernung von mir zum Objekt hin beträgt circa das Neun- bis Zehnfache der Strecke, die der Daumen im Gelände überspringt. Kann man diese Strecke schätzen, dann weiß man auch die Entfernung dorthin. Die »Querstrecke« lässt sich oft gut abschätzen, wenn man z. B. weiß, dass der Turm 135 Meter hoch ist oder der Schlot 140 Meter, oder es stehen da Bäume mit vielleicht 30 Metern Höhe. Übung macht den Meister!

Und dann trifft uns ein keulenschlagartiger Anblick: Enorme Gebäudemassen, von der Form teils an Schuhschachteln gemahnend, die jemand auf die kleinste Seitenfläche gestellt hat, scharen sich um den gewaltigen Schlot des Erlanger Heizkraft-

Bei Untermichelbach am Triebweg

werks, für dessen Bau der Erlanger Stadtrat 1960 die Firma *Siemens-Schuckertwerke AG* beauftragte – ein Zukunftsprojekt für die Fernwärmeversorgung der Stadt mit Gas und Strom. Betreiber sind die *Erlanger Stadtwerke* (ESTW), die nach der Liberalisierung des Energiemarktes um die Jahrtausendwende der Konkurrenz der großen Energiekonzerne trotzten und sich klar gegen diesbezügliche Freihandelsabkommen positionierten. 83 Prozent des Stroms, der in Erlangen verbraucht wird, kommt mittlerweile aus erneuerbaren Energien. Der Schlot ist 141 Meter hoch und wird nachts bunt angestrahlt. Das hat viel positive Resonanz bei den Bürgern gefunden. Gegner der Schlotbeleuchtung sprechen von Energieverschwendung und Lichtverschmutzung, die ESTW suchen mit ihnen den Dialog. Der Rest der »barocken Idealstadt« (s. 4. Etappe, S. 66f.) unter dem Kamin duckt sich weg und ist von hier aus so gut wie nicht erkennbar. Im Hintergrund stehen der Burgberg, die Marloffsteiner Höhe und weitere eindrucksvolle Höhenzüge bis zum Hetzleser Berg und Lindelberg, die sich wie beschützende Glucken hinter ihren disparaten Kücklein aufbauen. Winzig soll sogar oben drauf manchmal das Krönchen des Kasberger Windrads zu sehen sein. Von links drängen sich Silhouetten von Büchenbach und Alterlangen ins Bild. Man spricht in solchen Fällen gern von einer »Skyline«.

Einblick

»Wann fallen die Quader her über die Menschen?«, ist man hier zu fragen versucht, denn die kompakte Präsenz des Gebotenen durchdringt den Betrachter ganz und gar. Bethang-Entwickler Karsten Neumann kann sich, als Buddhist, vielleicht durch ein Lachen – er lacht gern! – von »Anhaftungen« befreien. Er findet den Anblick sogar reizvoll. Ist das buddhistische Freundlichkeit? Dringt er – sogar an so schwieriger Stelle! – zum buddhistischen Zentralbegriff der Leerheit vor, mit der erwünschten Begleiterscheinung der Offenheit?

Der Verstand sagt: Die vielen Menschen müssen wohnen, werkeln, wurschteln; aber er fragt auch: Könnte das denn um Himmels willen architektonisch nicht ein bisschen dezenter vonstattengehen? Und wieso sieht das teils nach Plattenbauten aus? Zufall? Infiltration? Obsolete Konvergenz irgendwelcher Systeme? – Dazu noch dieser schreckliche, niemals enden wollende Lastwagenwurm, eine Art Raupenprozession, auf der A3, seufz …

Wir wandern am Feldweg geradeaus, biegen später von ihm links ab in Wiesen- und Waldwege. Den großen *Stephansweiher* zu unserer Rechten, mit seinen Blesshühnern, Storchenfamilien und Schwänen, erreichen wir die ersten Anwesen in der *Römerreuthstraße* und bald den *Egino-Platz* (Egino war ein Ortsadeliger) im schönen Ortszentrum von *Kriegenbrunn*. Dort finden

Fast alles da, in Kriegenbrunn

wir, wie oft auf *Erlanger* Gebiet, Schildchen mit Informationen, wer des Namenspatronats für die Straße wert erachtet wurde. *Chriegenbronnen* wird immerhin schon im Jahre des Herrn 1132 urkundlich erwähnt und liegt knapp im *Bethang*-Inneren. Beim *Gasthaus Rottner*, welches seit dem Tod des Wirts im März 2019 geschlossen ist, schlummert gleich rechts in der *Bruckweiherstraße* eine trutzige Wehrkirche. (300 Meter weiter – am Schluss *Wiener Straße!* – kommt die Bushaltestelle der Linie 281.)

Rückblick

Die Geschichte der Wehrkirche »Johannes der Täufer« in Kriegenbrunn, in der vor allem aufgrund der Wandmalereien eine ganz besondere Atmosphäre spürbar ist, geht ins 9. Jahrhundert zurück. Die heutige Form stammt aus dem 14. Jahrhundert. Überwiegend gotisch, hat sie »al secco«-Malereien (auf den trockenen Putz gemalt) aus dem 15. Jahrhundert im Schiff, die 1940 bei Umbauarbeiten wiederentdeckt wurden. Nochmals hundert Jahre ältere Malereien birgt der Chor mit den Evangelisten-Symbolen und seinem spätgotischen Flügelaltar. Ein Kirchenführer für Frauenaurach und Kriegenbrunn liegt aus.
Die Gegend, in der Besiedlungsspuren bis zurück in die Jungsteinzeit entdeckt wurden, war nach dem Dreißigjährigen Krieg so verödet und entvölkert, dass sie erst Jahrzehnte später durch aus Österreich vertriebene Protestanten (»Exulanten«) wiederbelebt werden konnte.

Unsere Bethang-Markierung führt, leider nun meist auf hartem Grund, durch die Kriegenbrunner Straße. (Nach rechts, in der Wallensteinstraße, liegt die Bushaltestelle Feuerwehrhaus.) Bei nostalgisch anmutenden Loks, die nach wie vor hier parken, queren wir die seit 1995 endgültig stillgelegte Trasse der Aurachtalbahn, die einst Erlangen/Bruck mit Herzogenaurach verband. – Vor dem Ortsende mit nachfolgendem Aurachgrund passieren wir Mansfeld-, Gustav-Adolf- und Pappenheimer Straße (vgl. Schiller, Wallensteins Tod: der Graf von Pappenheim und sein berüchtigtes Regiment). Ja, so ehrt man per Straßennamen paritätisch alle Arten Schlächter ... äh, Schlachten-Helden.
Schöner aber, außer bei Hochwasser, folgt man vor dem Ortsende-Schild Radweg Nr. 2 und zwängt sich neben der hurtig fließenden *Aurach* unter einer kleineren Straßenbrücke durch. Bei einem von vielen »Hochspannungs-Eiffeltürmen« kommt

Frauenaurach,
ehemalige Klosterbrauerei

alles wieder zusammen. Wir tauchen unter den Pylonen und
dem Wummern der vielspurigen *Aurach-Mühlbach*-Brücke der
Autobahn A3 durch; dort oft zäh fließender oder gar stehender
Verkehr. Erst passieren wir einen Keller, in dem Fledermäuse
ungestört die kalte Jahreszeit verschlafen dürfen, dann erscheint
vor uns ein barocker Zwiebelturm, die »welsche Haube« der an
sich viel älteren *Frauenauracher Matthäus-Kirche*. Und daneben
der sympathische, aber leider veraltete Schriftzug der Klosterbrauerei. Auf dem Schornstein thront ein Storchennest. Vom
13. Jahrhundert bis zur Reformation gab's hier ein Kloster.

Rückblick

Die Matthäus-Kirche Frauenaurach entstand im Zuge der Klostergründung ab
dem späten 13. Jahrhundert und änderte im Gang der Dinge deutlich ihr Ausse-
hen. Der Turm wurde erst zwischen 1709 und 1717 errichtet, denn Bettelorden
hatten aus Bescheidenheit nur einen »Dachreiter«, keinen Turm! Romanische

Kunst ist am Kirchenportal zu sehen. Die weltliche Schutzherrschaft wechselte mehrmals und kam schließlich in die Hände der Markgrafen von Brandenburg (Kulmbacher Linie). Schon im Jahr 1531 wird ein »lutherischer Pfarrer« erwähnt, doch die letzte Priorin konnte bis zu ihrem Tod 1549 das Kloster weiterführen. Im Zweiten Markgrafenkrieg wurden 1553 Kirche und Klostergebäude weitgehend zerstört, zum Teil 35 Jahre später wiederaufgebaut. 1616 entstand auf dem Klostergrund eine markgräfliche Nebenresidenz. Im Dreißigjährigen Krieg war sie ab 1632 kaputt, wurde 1665 repariert, aber nach Errichtung des Erlanger Schlosses uninteressant und 1862 abgerissen, wobei im Wesentlichen auch alle Klostergebäude verschwanden.

Zur Jahresmitte 1972 wurde Frauenaurach nach Erlangen eingemeindet. »Frauen«? Das waren die Dominikanerinnen des Klosters! »Aurach«? Das kommt wohl von »Aue-Aha« oder »Ur-Ach«, also Wiesenbach oder Rindviehbach ...

Geradeaus – die Kirche mit ihrem romanischen Portal bleibt rechts von uns – liegt das *Café Mörtel* (mittags geschlossen). Unsere Markierung zielt in den Hof hinein, wo der Besitzer den Durchgang erlaubt. Doch für heute biegen wir wohl schon ein Stück davor, die Markierung verlassend, rechts ab ins originelle *Rottmannsgäßchen*, das zur *Erlanger Straße* führt. Hier gleich rechts ums Eck fährt bei der Haltestelle *Brückenstraße* alle halbe Stunde der Bus Nr. 281 zum *Hbf. BethANG* ... äh, *Erlangen*. Bei Hunger oder Durst: Imbiss nahebei, Bäckerei hundert Meter ums Eck in der *Brückenstraße*. Empfehlenswert ist ein Abstecher (200 Meter) vom Café zur schönen spätbarocken Aurachbrücke!

Weitere wichtige Markierungen auf dieser Etappe in der Reihenfolge ihres Auftretens:

Maria mit Kind, »Fränkischer Marienweg«, neue Westroute, 411 km
Grünkreuz, Heinrich-Bauer-Weg, Burgfarrnbach – Dürrnbuch, 25 km
Rote Raute, Verbindungsweg Fürther Kirchenrunde, Veitsbronn – Seukendorf, 10 km
Blaues Kreuz, Burgfarrnbach – Ansbach, 60 km
Roter Punkt, Schwabach – Weisendorf, 51 km
Grüner Ring, »Obermichelbacher Rundweg«, 14 km
Blauer Strich, »Aurach-Weg«, Fürth-Stadeln – Bad Windsheim, 64 km
Blauer Ring nach Eltersdorf, 8 km
Rotes Kreuz, Buchenbühl – Steudach, 28 km

3. Etappe
Von Erlangen-Frauenaurach
nach Dechsendorf

Ausblick

»Die Welt kam schön aus Gottes Hand ...« (Friedrich Rückert, ab 1826 Professor in Erlangen) – Dagegen Robert Gernhardt: »Dich will ich loben: Häßliches, du hast so was Verläßliches.«

Quälende Überlegungen zu Zivilisation und Kultur? Ästheten mögen bedenken, dass der Bethang-Weg Grenzerfahrungen bieten will ...

Weglänge: 10,6 km, keine Steigungen

Netto-Gehzeit: knapp 3 Std., dazu ein Abstecher

Wegverlauf: Frauenaurach – Steudach – Häusling – Kosbach – Dechsendorf

Start: in *Frauenaurach*; dorthin von *Erlangen Hbf. Bahnhofsplatz* mit Buslinie 281 zur Haltestelle *Wallenrodstraße* (lohnend: bei der darauffolgenden Haltestelle *Aurachbrücke* aussteigen und zurück zur *Wallenrodstraße* gehen)

Rückfahrt: von *Dechsendorf*, Haltestelle *Weisendorfer Straße*, Buslinien 202, 205 nach *Erlangen Hbf.*

Halte unterwegs: in *Steudach, Häusling* sowie in *Kosbach* Buslinien 287, 293 nach *Erlangen Hbf.*

Einkehrmöglichkeiten: Gaststätten und Cafés in *Frauenaurach;* in *Häusling: Gasthaus Schreyer* (Mittwoch geschl., Tel. 0 91 31/4 18 11); in *Kosbach: Hotel Polster* (Tel. 0 91 31/75 54-0) und *Restaurant Die Fischerei* (Montag, Dienstag geschl., Tel. 0 91 31/4 55 56); in *Dechsendorf: Gasthof Mayd* (meist nur abends, Dienstag geschl., Tel. 0 91 35/27 66) und *Gasthof Rangau* (Tel. 0 91 35/80 86)

Von der Bushaltestelle *Wallenrodstraße* in *Frauenaurach* (benannt nach Kunigunde von Wallenrod, der letzten Priorin des Klosters) durch eben diese Straße zur *Matthäus-Kirche* (s. dazu auch 2. Etappe S. 46f.). Sie entstand im 13. Jahrhundert als Klosterkirche der Dominikanerinnen und wird von einem romanischen Portal und einer Madonna aus dem Jahr 1320 im Chor geschmückt; dort befindet sich auch die Grabplatte der letzten Priorin. Das Kloster wurde 1525 im Bauernkrieg geplündert, die Kirche 1553 im Zweiten Markgrafenkrieg völlig zerstört. Der stolze Kirchturm entstand erst Anfang des 18. Jahrhunderts, denn ursprünglich hatten Klöster von »Bettelorden« aus Bescheidenheit keinen Turm, sondern nur einen Dachreiter.

Beim Abbiegen am Ende der *Wallenrodstraße* stoßen wir auf die Markierungen des *Bethang*-Rundwanderwegs. An historischen Gebäuden wie dem *Hotel Schwarzer Adler* vorbei (ab 18 Uhr »Brotzeitstube« oder »Kulturpub«) zielen wir genau zur *Bäckerei Mörtel*, wo auf Privatgrund der Durchgang gestattet ist (und man dies durch Rücksichtnahme und Verproviantierung danken könnte). Zwischen *Rottmannsgäßchen* und *Ellenbogen* geht es in den Hof hinein und mittels eines Fußgängerdurchgangs zur *Herzogenauracher Straße*. Weiter gut markiert auf kleinen Wegen, mit einer Spitzkehre vor der *Sperbersklinge*, durch die *Cosimastraße* und nördlich in die *Gaisbühlstraße*. Zugegeben: Die *Bethang*-Grenze verläuft hier eigentlich zwei Kilometer weiter im Westen. Aber jetzt geht's wieder drauf zu!

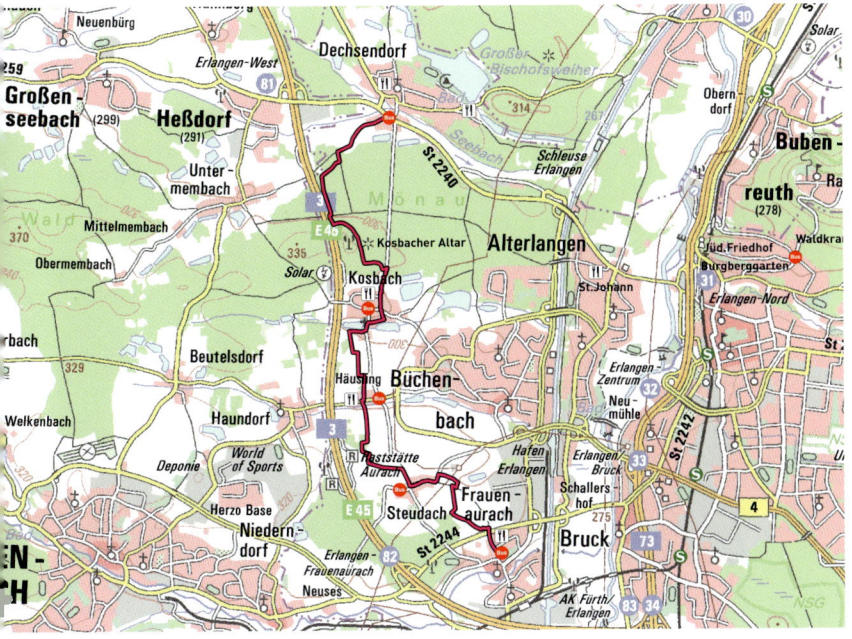

Eine Brücke hilft in Richtung *Steudach* über die *Niederndorfer Straße* hinweg. Das vorherige Passieren der *Kantstraße* – dem großen Philosophen der Vernunft ist rein zufällig eine kurze Sackgasse gewidmet? – soll wegen des Kontrastes zum unmittelbar Folgenden nicht unerwähnt bleiben: Soweit es ausgedehnte Maisfelder zulassen, die jahreszeitenabhängig mitunter sehr hoch gewachsen sind, sehen wir rechts eine stattliche Siemensanlage, seitlich begrenzen riesige Logistik- oder Gewerbehallen den Horizont, nach vorne verbarrikadiert ein Gewirr aus Strommasten den Himmel, in der Ferne ragt der obere Teil eines bekannten *Erlanger* Schlots (total 141 Meter hoch, nachts lila oder andersfarbig angestrahlt) gen Himmel. Einige hypertrophe Schuhschachteln signalisieren, was in *BethANG* Sache ist. (Ja, die vielen Menschen brauchen Wohnraum, Arbeitsplätze etc. pp. – da hilft keine Romantik, s. 2. Etappe, S. 44) In so ziemlich allen Richtungen verkündigen zahllose schlanke, ausladende Krangestalten die Zukunft.

Überblick

Dem Kenner treiben besagte Anblicke unter anderem die aristotelische Entelechie in den Sinn, doch auch der weniger kundige Zeitgenosse ahnt die Unausweichlichkeit der dem Ganzen innewohnenden Ziel- und Zweckbestimmung,

Spätromanisches Portal an der früheren Klosterkirche Frauenaurach

Blick bei Steudach auf Erlangen-Büchenbach

auch er spürt den Mahlstrom der unabänderlichen Entwicklungsrichtung. »Von diesen Städten wird bleiben: der durch sie hindurchging, der Wind!«, meint Bertolt Brecht, wissend, dass wir »Vorläufige« sind. Türmchen wie am Erlanger Burgberg oder von der Büchenbacher St.-Xystus-Kirche stehen gegen die Hochhäuser am Europakanal auf verlorenem Posten. Wir Wanderer stehen (noch) im freien Feld und denken vielleicht vorläufig noch mit Nikolaus Lenau: »An ihren bunten Liedern klettert die Lerche selig in die Luft.«

Im Linksbogen, vor uns eine Weiherkette, erreichen wir *Steudach*, das wieder näher an der *Bethang*-Grenze liegt. Auf der Straße *Sankt Michael* in westlicher Richtung hindurch und bei einer Einmündung mit Barocksäule und Bushaltestelle *St. Michael* (Linien 287, 293 nach *Erlangen Hbf.*) rechts in die *Kieselbergstraße* hinein. Weit drüben, hinter dem *Alterlanger* Wohnblockkoloss *Langer Johann*, sind kurz die Felswand des *Rodensteins* am *Walberla* zu sehen und daneben der Höhenrücken der *Langen Meile*. Voll ins Bild treten hochkantige Schuhschachteln jedes Zuschnitts. Im Westen tobt die Autobahn. Oder wir hören wegen zäh fließenden Verkehrs bzw. Staus so gut wie nichts. Die *Raststätte Aurach* leuchtet beharrlich bläulich herüber, jenseits der A3 hebt »Herzo« mit seiner Sportindustrie das modern frisierte Haupt. Wenn man bedenkt, dass der Begriff »Sport« von

»sich zerstreuen, ablenken« herstammt – gemeint waren da die unumgänglichen Alltagspflichten …! (Nein, besser nix denken!) Über all dem tummeln sich kleine Flieger des Flugplatzes *Herzogenaurach*, der 1935 zur Ausbildung von Jagdfliegern angelegt wurde. Später rollten bis 1992 US-Panzer, danach griff »adidas« zu. Nun gibt es auf *Herzo Base* an die 6000 Arbeitsplätze und ein Wohngebiet mit 2500 Menschen.

Nach einem Weiher geht's von der Straße ab in einen Feldweg (treffender vielleicht: »Agrarstraße«) und – bitte Nachsicht mit dem Markierer in solch schwierigem Landwirtschaftsgelände! – nach 800 Metern rechts haltend zur Waldecke. (Endlich begegneten uns lebendige, nicht überfahrene Exemplare der Gattung »Meister Lampe«.) Ein sehr großes Markierungszeichen, ein sogenanntes Rufzeichen, ruft uns zum Waldrand! Dort ein wenig nach links und durchs Waldstück, hinter dem die paar Häuslein von *Häusling* hingestreut liegen. Das *Walberla* schwebt als *Bethang*-Vorgebirge weit voraus, der nahe Lärm bzw. die Stau-Stille ist gleich herabstimmend geblieben.

Wir haben soeben den Bereich durchschritten, wo die »StUB«, die *Stadt-Umland-Bahn Nürnberg-Erlangen-Herzogenaurach* geplant ist. Es handelt sich um eines der größten Straßenbahnprojekte in Deutschland! Die wachsenden Wirtschaftsstandorte Nürnberg, Erlangen und Herzogenaurach sollen nachhaltig verbunden werden. (*Beranzo-Bahn*: *Fürth* und sein *th* bleiben außen vor, dafür ist »Her*zo*« mit *zo* im Spiel; s. S. 74ff.) Nördlich der Autobahnraststätte *Aurach* wird die A3 überbrückt, möglichst mit einer Park&Ride-Anlage genau hier – quasi »Autobahn-schwupp-StUB«! Trotz vieler Jahre der Planungen wird noch über die genaue Trassenführung diskutiert. Auch die Überquerung des sensiblen *Regnitzgrunds* ist ein großes Problem.

In *Häusling* beim *Gasthaus Schreyer* über die *Haundorfer Straße* (ganz am östlichen Ende Bushaltestelle). An einer *Mariensäule* sowie einer *Messstation des Bayerischen Landesamts für Umweltschutz* vorbei zu einem Feldweg. (Jaja, messen und beten ist das Mindeste, was der Mensch tun kann, wenn er nicht einfach alles Wichtige verschläft! Vgl. dazu auch »messet und betet«, oder so, in der biblischen Passionsgeschichte, Garten Gethsemane.)

Wieder entfaltet sich ein Panorama kompromissloser Optik. Trost bieten im Osten der ferne *Hetzles* und im Südosten der ganz ferne *Moritzberg*. An dieser Wegstelle hat's der Markierer

Erlanger Schlot,
141 Meter hoch
(obere Hälfte)

auch wieder schwer! Links haltend kommen wir näher zu den Medusenhäuptern von *Herzo*, doch Gott sei Dank geht's rechts zu einer stattlichen Scheune, danach an einem Gehölz entlang zum großen, bei Wasservögeln sehr beliebten *Dorfweiher*. Vor ihm, eine Biogasanlage und höchstens mittelglückliche Hühner streifend, zum Ortsbeginn von *Kosbach*, welches fast ein *Bethang*-Grenzort ist. Gleich bei der *Josefskapelle*, die wie ein Schiffsbug in den *Dorfweiher* ragt, rechts zum *Gasthof-Hotel Polster* bzw. ein wenig weiter, beim *Deckersweiher,* zum Restaurant *Die Fischerei* (mit Fischzucht). Danach – sehr passend – links in den *Karauschenweg* (die Karausche ist eine Karpfenart). An seinem Ende rechts, wo ein bedrückendes Holzkreuz von 1945 steht, liegt eine Bushaltestelle (Linien 287, 293). Wir gehen gegenüber vom *Karauschenweg* in die *Forststraße*, am Ortsende ins Landschaftsschutzgebiet. Rechts glänzen *Großauweiher* und *Dummetsweiher,* von entfernten Kirchtürmen und einem großen, wohlbekannten Schlot (141 Meter hoch) überragt. Beim

Erreichen des Walds zusammen mit dem lokalen Weg *Nr. 5* nach links über die Straße in das kieferndominierte, hoffentlich noch gefällige Waldgebiet. Wo der *Karpfen-Radweg* auftaucht (– tatsächlich, ein Fisch mit Fahrrad!), beginnt ein lohnender, markierter Abstecher zum bedeutendsten Bodenfund der Gegend, dem sogenannten *Kosbacher Altar*.

Rückblick

Nach wenigen Metern auf dem Abstecher zum »Kosbacher Altar« sehen wir eine stabile Nachbildung des im Jahr 1913 entdeckten (Sandstein-)Originals, neben einem großen Grabhügel, aus dem wertvolle Artefakte geborgen werden konnten. Der Erlanger Pfarrer Rudolf Herold untersuchte damals die geschätzt zweieinhalb Jahrtausende alte Steinsetzung der Hallstatt- oder Latènezeit. Im Mittelpunkt des »Altars« steht ein (kleiner) Menhir, den Herold – als Intellektueller seiner Zeit wohl mit den Theorien Sigmund Freuds vertraut – zum nicht geringen, fast allseitigen Erstaunen als Phallussymbol interpretiert haben soll. Noch im 21. Jahrhundert wirkt bei manchem die Magie dieses Ortes, allerdings oft bloß dahingehend, dass allerlei böse Erscheinungen ringsum – und da gibt's einiges! – mithilfe der zum Grab gehörenden Hexen oder anderer übersinnlicher Mächte »erklärt« werden. Ja ist denn das nicht viel einfacher möglich ...?

Mitten in Kosbach

Weiher am Nordrand der Mönau vor Dechsendorf

Im *molto crescendo* der *highway-minimal-music* kommen wir im Wald ganz nah an die exakte *Bethang*-Grenze, die aber, außer für Lebensmüde, unerreichbar ist. Sie verläuft nämlich jenseits der Autobahn A3 direkt an deren Rand.

Es geht durch Wald auf schönen Wegen. Der lokale Weg *Nr. 5* zieht geradeaus weiter, wo wir uns links an den Saum des großen Waldgebiets *Mönau* halten. Es wurde vor Jahrzehnten zum »Bannwald« erklärt, genießt also gemäß *BayWaldGesetz* »Erhalt und Schutz«. (»Men-au« bedeutet übrigens »Jungvieh-Weide«.) Seit 1975 versuchen hier Förster, widerstandsfähigen Mischwald auf dem Sandsteingrund hochzupäppeln, und ein Bündnis aus *Bayerischen Staatsforsten* und dem *Erlanger Naherholungsverein* hat in diesem Landschaftsschutzgebiet Übersichts- und Informationstafeln installiert, zu Themen wie Nachhaltigkeit, Forstwirtschaft und Umweltschutz.

An Weihern vorbei streben wir in Richtung *Dechsendorfer Kirchturm* und erreichen die *Weisendorfer Straße* im heutigen Zielort *(Klein-) Dechsendorf*. Die *Bethang*-Markierung führt für den nächsten Wandertag geradeaus hinüber zum *Brühl*. (Brühl ist ein ausgestorbenes Wort für Wiesen, Wald und Feuchtgebiet und heute nur noch in Flur- und Siedlungsnamen erhalten.)

Wir gehen höchstwahrscheinlich an der hochfrequentierten *Weisendorfer Straße* ein kurzes Stück nach rechts zur Bushaltestelle der Linien 202, 205 mit häufigen Verbindungen nach *Erlangen Hbf*.

In Steudach,
bald nach Etappenbeginn

Weitere wichtige Markierungen auf dieser Etappe in der Reihenfolge ihres Auftretens:

Rotes Kreuz, Buchenbühl – Steudach, 28 km
Blauer Ring, Steudach – Erlangen Hbf., 9 km
Blauer Punkt, nach Herzogenaurach, 7 km
Rotes Kreuz, nach Hüttendorf, 7 km
Blaue Raute, Kosbach – Obermembach, 5 km
Grün 4, Kosbach – Dechsendorfer Brücke, 4 km
Grün 5, Dechsendorfer Rundweg, Kosbach – Hessdorf, 13 km
Grün 9, Dechsendorfer Weg 9, Dechsendorf – Untermembach, 3 km
MD, »Main-Donau-Weg«, Rangau-Linie Wachenroth – Neuburg/Donau, 243 km
Blauer Punkt, »Schneider-Scheumann-Weg«, Erlangen Hbf. – Uehlfeld, 31 km
Maria mit Kind, »Fränkischer Marienweg«, neue Westroute, 411 km

4. Etappe
Von Dechsendorf
zum Erlanger Waldkrankenhaus

Ausblick

»Wer die Schönheit angeschaut mit Augen …« (August von Platen, 1825)
Beim zu jeder Jahreszeit herrlichen Ufergang exakt auf der Bethang-Grenzlinie?
Bestimmt, und auch nach den Weihern folgen angenehme Wege, am Erlanger
Burgberg inklusive.

Weglänge: 14,2 km, keine Steigungen (außer bei der Schlussvariante)
Netto-Gehzeit: 3,5 Std., dazu einiges Verweilen sowie ein Umweg in Form eines Tipps (s. S. 67f.)
Wegverlauf: Dechsendorf – Bischofsweiher – Schleuse Erlangen – Erlangen St. Johann – Burgberg
Start: in *Dechsendorf*, Haltestelle *Weisendorfer Straße*; dorthin von *Erlangen Hbf. (Bahnhofsplatz/»Hugo« bzw. Richard-Wagner-Straße)* mit den Buslinien 205, 202, 283
Rückfahrt: von den Haltestellen *Waldkrankenhaus* in Nähe *Rathsberger Straße/Am Meilwald*; mit Buslinien 289, 290 nach *Erlangen Hbf.* (290 fährt weiter bis *Nürnberg/Am Wegfeld*)
Halte unterwegs: von *Erlangen/Sankt Johann* ca. 7 Buslinien zum *Hbf. Erlangen*
Einkehrmöglichkeiten: in *Dechsendorf: Gasthof Mayd* (meist nur abends, Dienstag geschl., Tel. 0 91 35/27 66) sowie *Hotel Gasthof Rangau* (Tel. 0 91 35/80 86); am *Großen Weiher: Gasthaus Forsthaus,* Naturbadstraße (Mittwoch bis Sonntag, Tel. 0 91 35/72 20 60); in *Erlangen: St. Johann Osteria da Gianni* (ehemals Georg Nägel, kein Ruhetag, von 14.30 bis 17 Uhr geschl., Tel. 0 91 31/9 31 02 68 – von einer Bewohnerin des »Langen Johann« besonders gelobt!)

Von der Bushaltestelle in *Dechsendorf*, welches früher zu *Oberfranken* gehörte und erst 1972 in die kreisfreie *Stadt Erlangen* eingegliedert wurde, wenige Meter an der verkehrsreichen *Weisendorfer Straße* entlang, bis es zum *Brühl* (s. S. 55) hineingeht.

Dort stößt man auf die Markierungen des *Bethang*-Rundwegs. Sie führen uns über den *Seebach*, durch eine kurze Allee (lokale Markierung *Radweg Nr. 2,* hier auch Bushalt 205), dann ansteigend an der katholischen Kirche »Unsere Liebe Frau« (Baujahr 1963) vorbei. Längs der *Bischofsweiherstraße* (lokaler *Rundweg 8 von Dechsendorf um den Kleinen Bischofsweiher, 5 km*) geht's über Felder und durch ein Wäldchen, den stattlichen, harmonischen *Oberen* bzw. *Kleinen Bischofsweiher* leider links liegen lassend (kurzer Abstecher lohnt!), zum *Großen Bischofsweiher*. Die Bamberger Geistlichkeit hatte bestimmt keinen Mangel an gediegener Fastenspeise!

Im Landschafts- und Vogelschutzgebiet des Nordufers am Saum des Hochwalds entlang. Direkt am Weg stehen alte Grenzsteine. Wir erreichen den *Großen Bischofsweiher*, »den« *Dechsendorfer Weiher*, dem es an der Atmosphäre des »Kleinen« gebricht. Gräben sollen Dünge-Einleitungen abfangen und den fast alljährlich drohenden Blaualgen Einhalt gebieten, die Badefreuden und Gesundheit gefährden. (Wir sahen da eine Ratte ganz gelassen an uns vorbeischwimmen.) Mit einer Allee beginnt die »Klassik/Jazz-am-See-Wiese«, auf der im Sommer das schnöde blanke Weiherwasser musikalisch veredelt wird. Da gibt's dann eine Open-Air-Bühne, flankiert von riesigen LED-Bildschirmen, dazu Sitztribünen und Gastro-Angebote mit Lounge, alles zu durchaus größenordnungsmäßig erwähnenswerten Preisen. Für weniger Anspruchsvolle finden sich wohlge-

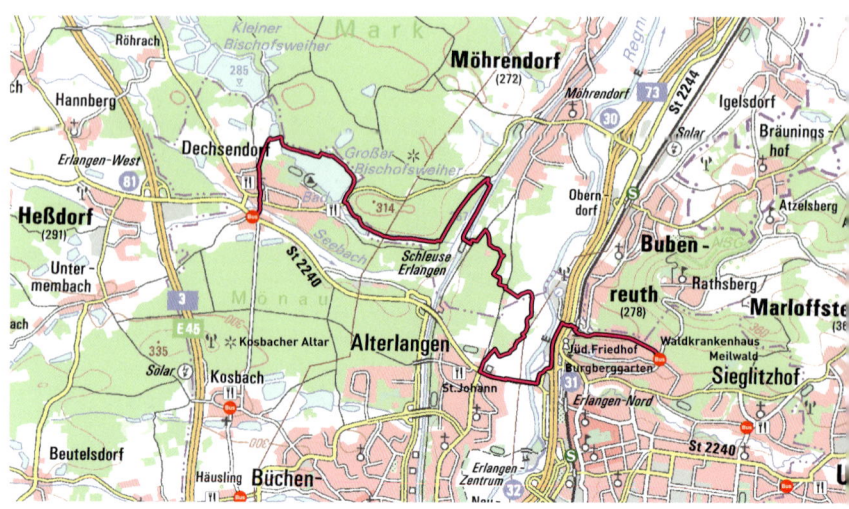

Dechsendorf, Brühl

ordnete Grillplätze nahebei sowie am gegenüberliegenden Ufer ein Campinggelände. Bei der folgenden Uferbiegung erfreuen ein Kiosk mit Umkleidekabinen sowie, bei völlig freiem Eintritt, eine naturbelassene Wasservogelschau mit dem fröhlichen Quietschen ungeölter Entchen – äh, Blesshühnchen.

Wir folgen weiter dem Ufer und halten uns links zur *Speisegaststätte Forsthaus*. (Dort könnte man einen Abstecher nach rechts mit dem *Blauen Punkt* in die *Campingstraße* machen, wo die *Pizzeria Valentino* und, im Sommer, die *Strandbar* locken.) Am Gärtchen des *Forsthauses* werden wir links hineingewiesen (auch lokaler Weg *Nr. 1*). Aufpassen! Nach wenigen Metern den breiten Weg rechts abwärts auf Pfad verlassen und oberhalb oberhalb der *Glasbeetweiher* und der Kette der *Oberndorfer Weiher* entlang. Längere Zeit auf unübertrefflich schönen Waldwegen, bedrängt von Unmengen dort gedeihender Blaubeeren. (Das sind die, die rot sind, solange sie noch grün sind!) Bald näher ran ans Wasser, schließlich dem Pfad am Bach *(Forstgraben)* folgend. Beim querenden größeren Forstweg beginnt ein »Verschwenk« nach links (auch lokaler Weg *Nr. 2*), der uns über die *Bethang*-Grenze hinaus schließlich zur *Erlanger Schleuse* führt. Bei einer Gabelung rechts zur Brücke über den *Seebach*, den wir schon in *Dechsendorf* kennengelernt haben. Auf dem Kanaldamm zielen wir südlich auf die massige, inzwischen bröckelige

Kleiner Bischofsweiher bei Dechsendorf

Beton-Schleusenanlage. Sie wurde 1970 beim Bau der *Bundes-wasserstraße Main-Donau-Kanal* eingeweiht, ihre Schleusen-kammer ist 200 Meter lang und hat eine »Fallhöhe« von mehr als 18 Metern. 2015 von einem Kanalschiff gerammt, ist nun bei laufendem Betrieb seit Längerem ein Neubau in Planung.

Nach der Kanalüberquerung, wegen der wir »ausschwenken« mussten, kommen wir zu einer *Sandmagerrasen-Fläche*. Ab hier geht's länger gemeinsam mit einem insgesamt sieben Kilometer langen *Naturerlebnispfad*, den die *Erlanger Stadtwerke (ESTW)* in Zusammenarbeit mit Naturschutzbehörden eingerichtet haben. Er bietet an fast 20 Stationen auf erfreulichen Waldwegen eine Vielfalt interessanter Informationen, nicht nur zum *Steckerleswald (Steggerlaswald)*, einer in ganz *Bethang* wohlbekannten Spezialität, deren Name selbsterklärend sein dürfte. Wir treffen solchen Kie-fer-dominierten Wald auf unserer Wanderung immer wieder an.

Einblick

Das Gesamtgebiet des Sebalder und des Lorenzer Reichswaldes umfasste zu Beginn des 19. Jahrhunderts noch rund 32.000 Hektar und ging durch Abholzung und Nutzung als Bauland auf rund 25.000 Hektar zurück. Es ist Bestandteil des Natura-2000-Netzwerkes und als EU-Vogelschutzgebiet ausgewiesen.
Der Name zeigt, dass der Wald direkt und unmittelbar dem Deutschen König/ Kaiser gehörte. Hier wurde aus der Not heraus die Forstwirtschaft erfunden. Der »älteste Forst der Welt« erhielt im Jahr 1294 eine Waldordnung; 1368 erfolg-

te die erste Nadelholzsaat durch den Nürnberger Patrizier Peter Stromer den Älteren. In und um Bethang war damals der Wald in einem beklagenswerten Zustand. Massenhafte Brennholz-, Streu- und Bauholzentnahme, Zeidlerei (Imkerei), Holzkohle- und Holzteergewinnung hatten ihn zugrunde gerichtet; dazu die im Gemeinbesitz befindlichen Weiden (vor allem für Zugtiere, seit 800 Jahren »Espane« genannt) sowie viele »Vogelherde«. Das waren Flächen zum Vogelfang mit Netzen, Schlingen, Leimruten etc. – das Jagdvergnügen des kleinen Mannes. Es brauchte damals also weder Klimawandel noch Borkenkäfer zum Niedergang! Die »Nürnberger Tannensäer« halfen dem Wald zwar wieder auf die Beine, aber durch die Jahrhunderte hat sich auf dem Sandboden ein problematischer, anfälliger Waldtypus gebildet. Nun wird daran gearbeitet, ihn in Mischwald umzubauen. Schäden neueren Typus – Sie wissen schon! – setzen dem Wald enorm zu.

Aufpassen bei Station 5 des *ESTW-Weges*, hier gibt's eine Wegeteilung! Später, am Waldrand, wo wir die *Regnitzwiesen* erreichen, steht da schon wieder der 141 Meter hohe, ab und zu auch mal qualmende Schlot. (Aber, wir wollen uns aus hier gegebenem Anlass bei den Stadtwerken auch mal entschuldigen – für unser fortwährendes »Schlot-Bashing«. Strom und Wärme haben wir zugegebenermaßen ja auch ganz gern ... ;-)

Unser Wiesenweg geht auf das wuchtige *Klärwerk Erlangen* und den *Burgberg* zu und wendet sich dann rechts in Richtung Koloss von einem Wohnhaus = *Langer Johann*. An Station 16 des

Vogelschutzgebiet Dechsendorfer Weiher

Naturerlebnispfads erfahren wir einiges zu den »Wässerwiesen« mit ihren Schöpfrädern, die sich hier schon über 700 Jahre drehen. 1693 verfügte *Markgraf Christian Ernst*, dass die »Kümpfen" – das sind die Eimer, die das Wasser heben – nur von Mai bis Ende September in Betrieb sein durften. Nun wurden die Wasserräder sogar in die Unesco-Kulturerbe-Liste aufgenommen. – Vor dem *Erlegraben* werden wir am Wasserwerk vorbeigeführt, dürfen aber knapp vor dem *Langen Johann* auskneifen: Der Kopf-in-den-Nacken-Koloss hat 27 Stockwerke, 80 Meter Höhe. Richtfest war 1973, lange Zeit das größte Wohngebäude Bayerns! In der *Wasserwerkstraße*, wo der Naturlehrpfad beginnt bzw. endet, gibt's nochmals Informationen (z. B. zum Erhalt von Faltblatt und Karte im Wasserwerk Erlangen West I, Tel. 0 91 31/8 23 45 18).

Schräg gegenüber des *Langen Johanns*, vor einem tristen Parkhaus, fahren über ein halbes Dutzend Busse zum *Hbf. Erlangen*. Wir gehen aber wohl auf städtisch-harter Sohlenunterlage über den *Dechsendorfer Damm* und den breiten Grund der ansehnlichen *Regnitz*, nach der 1. Etappe (s. S. 28) nun unser zweiter größerer *Bethang*-Fluss. Links vorn dominiert der *Burgberg*, unter uns liegt eine bei Störchen sehr beliebte Wiese, rechts erheben sich lutherische und reformierte Kirchtürme sowie ein wohlbekannter Schlot (141 Meter). Ganz rechts die Skyline von *Alterlangen* und *Büchenbach,* uff – sind da nicht Plattenbauten untergemischt? Nach einem Gerücht sollen große Mengen aus dem Betonplattenwerk Zwickau der DDR in den Hochhäusern verbaut worden sein …

Am Ende der Brücke über die Ampel und ein wenig zurück zum *Fischhäusla*, einst ein Lokal. Kurvig rechts der *Regnitz* zu den *Schwabach*-Brücken. Dann folgt die einstige Gewerbeansiedlung der *Werker* (die Bezeichnung kommt vom Wort Handwerker). Papier-, Walk-, Getreide- und Schneidmühle sowie Eisenhammer, alles lief allein mit *Regnitz*-Kraft! Heute erzeugen dort die *Erlanger Stadtwerke* Strom. Die Wohnungen sind Aug' in Aug' mit der 1970 in die Höhe gebauten A 73, dem *Frankenschnellweg*. Es geht am Fluss weiter, unter dem *Frankenschnellweg* durch und (mit Vorsicht) über die breite *Bayreuther Straße*. Dann unterqueren wir die Bahnlinie *R 2 Nürnberg-Bamberg*; gleich daneben durchgraben der alte Tunnel (von einer Doppelsphinx bewacht, 1844 erster Eisenbahntunnels Bayerns) und der zweite, neuere

Eine heimische Bethang-Bisamratte am Dechsendorfer Weiher

den *Burgberg*. Direkt daneben verläuft der Ludwig-Donau-Main-Kanal, hier 1846 eingeweiht. Wir steigen auf einem geteerten Weg hoch und biegen sofort nach dem Ortsschild *Universitätsstadt Erlangen* scharf links in die *Rudelsweiherstraße* ein.

Rückblick und Umblick

Gleich hier, 30 Meter am Hang hoch, beschildert mit »Rudelsweiherstraße 85«, liegt der jüdische Friedhof von Erlangen, geschändet 1939. 1945 bewirkten die US-Soldaten Max Fleischmann und Leo Dingfelder, dass die Friedhofsanlage mit den Gräbern ihrer Vorfahren auf Anordnung der amerikanischen Behörden wieder instand gesetzt wurde. Heute ist sie erneut geweiht und ihrer ursprünglichen Bestimmung zugeführt.

Diese Berührung unseres Bethang-Wegs mit jüdischer Kultur bietet Gelegenheit, ein paar dürre Hinweise auf die Lebens- und Leidensgeschichte jüdischer Menschen in Bethang zu geben. Ein Meilenstein der Assimilation der bayerischen Juden bildete das 1813 von Graf Montgelas erlassene »Judenedikt«. Es erlaubte ihnen, Grundbesitz zu erwerben, schränkte jedoch die Freizügigkeit und die Möglichkeit der Familiengründung stark ein. Die vollständige rechtliche Gleichstellung aller Deutschen erfolgte erst mit der Verfassung des 1871 gegründeten Deutschen Reiches – und hielt durch den modernen »Rassen-Antisemitismus« nicht einmal ein Menschenalter, bis zum Schandfleck der Nürnberger Gesetze 1935 ... und bekanntlich noch viel Schlimmerem!

Mitte des 15. Jahrhunderts gab es eine winzige jüdische Gemeinde in Erlangen, doch 1515 wies vermutlich der markgräfliche Landtag alle Menschen jüdischen

Glaubens aus, die sich in umliegenden Orten wie Bruck und Baiersdorf niedergelassen haben dürften. Angeblich erhielt nur Samuel Feustel 1537 für Jahrhunderte als Letzter ein befristetes Wohnrecht in der Altstadt. Um 1870 hatte Erlangen an die 12.500 Einwohner, unter ihnen mehr als 60 Juden. 1873 bildete sich eine Israelitische Kultusgemeinde, die 1891 den Friedhof am Burgberg anlegte.

In Fürth werden Juden um 1440 erwähnt und später aus der Stadt verbannt; 1528 durften sich wieder welche niederlassen. 1670 kamen aus Wien Vertriebene hinzu. 1719 versprach der Fürstbischof von Bamberg, gegen Bezahlung, den Schutz von Leben und Besitz der Juden. Fürth war vom 17. bis ins frühe 19. Jahrhundert ein Zentrum jüdischen Glaubens in Süddeutschland mit mehreren Synagogen, Talmudschulen und hebräischen Druckereien. Zwischen 1933 und 1941 gelang es 1.400 Menschen jüdischer Herkunft, Fürth zu verlassen. Nach dem 10. November 1938 erfolgten Deportationen nach Dachau, später ins Getto Riga, nach Izbica, Belzec und Theresienstadt. – Heute ist Fürth der Hauptstandort des 1997 eröffneten Jüdischen Museums Franken.

In Nürnberg ist 1146 eine jüdische Ansiedlung nachgewiesen. 1298 forderten hier die »Rintfleisch-Unruhen« 628 Opfer. Ein vermutlich verarmter Ritter dieses Namens, der sich vom Himmel berufen fühlte, war Hauptverantwortlicher für ein Massaker in ganz Franken und darüber hinaus. Als Vorwand diente eine »Hostienschändung«. Die Namen von 3.441 ermordeten Juden aus 44 »Blutstädten« werden im sogenannten Nürnberger Memorbuch aufgelistet.

1338 hatte die Gemeinde wieder über 1.000 Mitglieder, doch 1349 veranlassten die Behörden in Absprache mit Karl IV. blutige Verfolgungen. Zweck war u. a. die »Tilgung« aller Schulden bei Juden sowie die ersatzlose Enteignung. 562 Juden wurden in Nürnberg erschlagen oder verbrannt. Auf den Trümmern des Judenviertels entstand der Nürnberger Hauptmarkt. Als »hauptverantwortlicher Schreibtischtäter« ließ Karl IV. anschließend die Frauenkirche als Triumph der Kirche über die geschleifte Synagoge an selbiger Stelle errichten. 1498/99 wurden erneut alle Menschen jüdischen Glaubens für drei Jahrhunderte vertrieben; erst zu Beginn des 19. Jahrhunderts räumt man ihnen wieder Wohnrecht ein. Jüdische Unternehmer hatten in Nürnberg und Fürth Fabriken von Weltruf gegründet und aufgebaut (wie z. B. Tempo-Taschentücher und Schuco-Spielwarenfabrik). Vor 1933 lebten etwa 8.000 jüdische Mitbürger in Nürnberg.

Die nationalsozialistischen Verfolgungsmaßnahmen setzten dem jüdischen Leben in Deutschland ab 1933 ein jähes Ende. Im »Gau Franken« mit Julius Streicher als Gauleiter verlief die sogenannte Arisierung – die Vernichtung der wirtschaftlichen und sozialen Existenz der jüdischen Bevölkerung zugunsten »arischer« Nutznießer – in besonders extremer Form. Über 1.100 Menschen jüdischen Glaubens oder jüdischer Abstammung aus Fürth, mehr als 2.400 aus Nürnberg, fielen der Schoa, dem NS-Völkermord an den europäischen Juden, zum Opfer.

Wir folgen neben der *Rudelsweiherstraße* auf angenehmem Weg einen Kilometer genau der *Bethang*-Grenze auf der Nordseite des *Erlanger Burgbergs* (auf dem übrigens nie eine Burg stand). Hier ist jeder größere Baum nummeriert, man sieht beachtliche, auserlesene Häuser mancherlei Stils – ein deutlicher Unterschied zu den *Werkern*! Kurz vor dem *Waldkrankenhaus* kommt von rechts die *Ludwig-Thoma-Straße* (der Schriftsteller war Erlanger Student), gegenüber biegt die Markierung für die 5. Etappe des *Bethang*-Wegs in die *Otto-Goetze-Straße* ab. Ein Schildchen erläutert: *Otto Goetze, 1885–1955, Professor für Chirurgie in Erlangen, Direktor der Chirurg. Univ.-Klinik.* Auf dem Schildchen fehlt: Ab 1934 SS-Fördermitglied, ab 1945 entnazifiziert, dann wieder im Dienst.

Wir wandern heute wohl nur noch kurz geradeaus weiter, unterhalb des Krankenhauses vorbei zur *Rathsberger Straße*. Dort gegenüber in die Einmündung *Am Meilwald* geht's zu den Bushaltestellen *Waldkrankenhaus*, die rechts und links der Straße liegen. Mit den häufig verkehrenden Linien 289 und 290 kommt man nach *Erlangen Hbf.*, mit 290 sogar bis *Nürnberg Am Wegfeld.*

Der Lange Johann in Erlangen

Rückblick

Sollte man zum Schluss auf den Bus warten müssen, sorgen Informationstafeln zur Stadtgeschichte für Kurzweil: erste urkundliche Erwähnung von »villa Erlangon«, vermutlich das spätere Alterlangen, als anno 1002 Kaiser Heinrich II. den Ort dem Bischof von Würzburg schenkt. Das Bistum Bamberg schickt Heinrich sich erst zu gründen an. Anlässlich eines Tausches wird Erlangen im Jahr 1017 an Bamberg weitergereicht; 1361 Verkauf an Kaiser Karl IV. Sein glückloser Sohn Wenzel erteilt Erlangen um 1398 wohl Stadtrechte. 1501 gerät der Ort an den Markgrafen von Kulmbach, der 1527 die (lutherische) Reformation einführt. Im Ersten Markgrafenkrieg (1449/50) zwischen dem Markgrafen Albrecht Achilles von Brandenburg-Ansbach und der Reichsstadt Nürnberg, besonders aber im Zweiten Markgrafenkrieg (1552–1554) wird es von Nürnberger Soldaten geplündert und niedergebrannt. Nürnberg macht Erlangen eine Zeit lang zu seiner »Landstadt«. Nach dem Tod des feindlichen Markgrafen Alcibiades, eines Wüterichs, der gewaltsam die Macht der Reichsstädte zugunsten seiner Territorialansprüche brechen wollte, erfolgte die Rückgabe an die Hohenzollern. Im Dreißigjährigen Krieg ab 1632 Plünderung durch die (katholischen) Forchheimer, dann völlige Zerstörung. Danach liegt Erlangen zwei Jahre lang öd und unbewohnt. Erst ab 1686 bewirkt der Bayreuther Markgraf Christian Ernst einen nachhaltigen Aufschwung, indem er mehr als einem Tausend französischer Glaubensflüchtlinge – den »Hugenotten«, die Calvinisten und tüchtige Handwerker waren – die Ansiedlung erlaubt. Er gewährt ihnen Religionsfreiheit und wirtschaftliche Vorteile.

Orientierung im Langen Johann

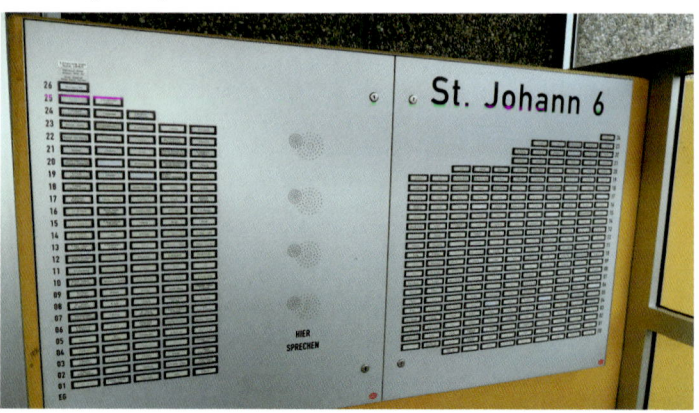

Die entstehende barocke Planstadt »Christian Erlang« ist bis heute in der Straßen- und Häuseranlage mit Schloss, Park und Theater spürbar – allerdings nur aus der Nähe; abweichende Eindrücke vgl. 2./3. Etappe (s. S. 43f. und 50f.). Die Bayreuther Universität des »aufgeklärten Markgrafen« Friedrich III. wurde 1743 nach Erlangen verlegt und von Alexander von Brandenburg-Ansbach weiter gefördert.

Hierzu noch ein paar Schlaglichter: Nach dem Übergang Erlangens an Bayern im Jahr 1810 entging die Universität – im Gegensatz zur »Nürnberger Universität« in Altdorf – der Schließung, weil sie als Einzige mit einer lutherisch-theologischen Fakultät für die Ausbildung von protestantischen Theologen im neuen Staat unentbehrlich war. Mit dem Mediziner Jakob Herz wurde 1863 erstmals in Bayern ein Jude Professor einer Hochschule. Die auf dem heutigen Hugenottenplatz einst zu seinem Gedenken aufgestellte Bronzestatue – das erste Denkmal in Bayern für einen jüdischen Menschen! – zerstörten die Nationalsozialisten. Heute erinnern Gedenktafeln an ihn, seit 1983 eine Stele mit der Inschrift »Wir denken an Jakob Herz / dem Bürger dieser Stadt / ein Denkmal setzten und zerstörten«.

Die Studentenzahlen stiegen von 374 im Wintersemester 1869/70 auf 1.000 im Jahr 1890. Im Jahr 1796 gab es 20 ordentliche Professoren, 42 dann im Jahr 1900. Ab 1897 wurden Frauen zum Studium zugelassen (erste Promotion 1904). – Seit 1961 hat die FAU auch den Standort Nürnberg, ihren Sitz aber nach wie vor in Erlangen, wo auch zwei Drittel der Studierenden ausgebildet werden, aber nicht unbedingt wohnen. Es gibt 308 Lehrstühle an der mit fast 40.000 Personen zweitgrößten Universität in Bayern.

Tipp: Legt man nicht größten Wert auf genaue Einhaltung des Grenzverlaufs und kommt man vielleicht nicht so häufig nach Erlangen, könnte man einer sehr empfehlenswerten Schlussvariante folgen: Wo der ziemlich neue »Migrationsgeschichtliche Weg« (interessant!, *Markierung M*) nach rechts vom Bethangweg abzweigt, erreicht man mit ihm bergauf in wenigen Minuten das *Platenhäuschen*, in dem der berühmte romantische Dichter den Sommer 1824 verbrachte. Weiter ansteigend geht es zum denkmalgeschützten 32 Meter hohen Wasserturm von 1905 (Besichtigung möglich, Tel. 0 91 31/82 30). Der damals erst bebaute *Burgberg* (Seehöhe 332 Meter) brauchte Wasserdruck! Von dort ein paar Meter die *Burgbergstraße* abwärts zum wunderschönen *Burgberggarten* mit einer Vielzahl eindrucksvoller Bronze-Großplastiken. Schöpfer dieser frei menschenförmigen, charakteristischen Gestalten ist Heinrich Kirchner, der 1902 in Erlangen geboren wurde, ab 1952 eine Professur an der Münchner Akademie innehatte und 1984 im Chiemgau verstarb. Die Stadt Erlangen richtete ihm zu Ehren unter Oberbürgermeister Hahlweg diesen Skulpturenpark ein, den Kirchner noch selbst mitgestalten konnte und der zu seinem 80. Geburtstag 1982 eingeweiht wurde.

Durch den Garten südlich absteigend kommt man unten in die Nähe der Bushaltestelle *Essenbacher Straße*.

Weitere wichtige Markierungen auf dieser Etappe in der Reihenfolge ihres Auftretens:

MD, »Main-Donau-Weg«, Rangau-Linie Wachenroth – Neuburg/Donau, 243 km
Grün 9, Dechsendorfer Weg, Dechsendorf – Untermembach, 3 km
Grün 7, Dechsendorfer Rundweg, Dechsendorf – Röhrach, 6 km
Grün 8, Dechsendorfer Rundweg, Dechsendorf – Kleiner Bischofsweiher, 5 km
Blauer Punkt, »Schneider-Scheumann-Weg«, Erlangen Hbf. – Uehlfeld, 31 km
Maria mit Kind, »Fränkischer Marienweg«, neue Westroute, 411 km
Blaues Kreuz, Dechsendorf – Uehlfeld, 24 km
Blauer Punkt, Dechsendorfer Weiher – Bubenreuth, 7 km
Grün 1, Dechsendorfer Rundweg, Dechsendorf – Kleinseebach, 17 km
Grün 2, Dechsendorfer Rundweg, Dechsendorf – Europakanal, 9 km
Schöpfrad (Möhrendorfer Wappen), Möhrendorfer Südweg, 7 km
Blaue Welle, Naturerlebnispfad, 7 km (zusätzliche Stichwege)
Gelber Punkt, Erlangen/Schlachthof – Heroldsberg/Süd über Kalchreuth, 21 km
Blaues M, »Migrationsgeschichtlicher Weg«, Geigenbauer-Siedlung – Erlangen Hbf., 10 km
Blaues Kreuz, Markgrafenweg Erlangen – Bayreuth, 82 km
»K«, Wegenetz Kulturerlebnis Fränk. Schweiz (Geschäftsstelle Tel. 0 91 91/86-10 40), ca. 300 km

5. Etappe
Vom Erlanger Waldkrankenhaus nach Tennenlohe

Ausblick

»Und Schönres ist nicht auf der Welt, als wohnliche Gefilde, vom Fleiß der Menschenhand bestellt, bewohnt vom Menschenbilde.« (Friedrich Rückert, Prof. in Erlangen ab 1826)

Erst Waldesgrün und Ausblicke auf herrlichen Wegen, dann durch Bebauung, zum Schluss gar Straßennähe – aber immer interessant!

Weglänge: 15,5 km, anfangs Steigungen
Netto-Gehzeit: 4 Std., plus Zeit zum Studieren
Wegverlauf: Waldkrankenhaus – Rathsberg – Sieglitzhof – Buckenhof – Tennenlohe
Start: in *Erlangen* nahe beim *Waldkrankenhaus*; dorthin von *Erlangen Hbf./Bahnhofsplatz* (unglaublich viele Fahrräder!) mit Buslinien 289, 290 zur Haltestelle *Waldkrankenhaus*
Rückfahrt: von den Haltestellen *Tennenlohe Kirche* mit Buslinie 295 nach *Erlangen Hbf.*, mit Linie 20 zu den *Arcaden* (nähe *Hbf.*), oder in Gegenrichtung mit den Linien 20 und 290 nach *Nürnberg Am Wegfeld;* von dort Tram Linie 4 nach *Nürnberg Plärrer* (U1/U2)
Halte unterwegs: in *Sieglitzhof, Im Heuschlag,* Buslinien 284, 294; in *Buckenhof, Gräfenberger Straße,* Buslinie 285 nach *Erlangen Hbf.*
Einkehrmöglichkeiten: *Waldschänke Der Grieche, Lange Zeile 104* (Montag geschl., Tel. 0 91 31/5 14 22); *Brücken-Paulus/Pizzeria Romano, Schronfeld 74* (»nur Weihnachten/Silvester kurz geschlossen«, Tel. 0 91 31/5 10 08); in *Buckenhof: Bäckerei-Café Der Beck* in der *Gräfenberger Straße,* im *Hallerhof: Restaurant Afroditi, Tennenloherstr. 3* (Montag geschl., Tel. 0 91 31/50 37 71); in *Tennenlohe: Gasthaus Rotes Ross* (Tel. 01 76/24 05 41 10 oder Tel. 0 91 31/4 03 51 62) und *Pizzeria Goldener Schwan* (Tel. 0 91 31/60 12 23)

Von der Bushaltestelle gehen wir aufwärts und überqueren die *Rathsberger Straße* in die *Rudelsweiherstraße,* welche genau die *Bethang*-Grenzlinie darstellt. Wenn wir an den rechts gelegenen Krankenhausgebäuden und neu gebauten Heimen vorbei sind, treffen wir auf die kreuzenden Markierungen des *Bethang*-Rundwegs, der in die *Otto-Goetze-Straße* (s. S. 65) abbiegt. Vor dem Parkplatz der kath.-bambergischen *Joseph-Stiftung*, seit 1948 aufgeblüht zu einem der größten Wohnungsunternehmen Nordbayerns, hinein auf einen forstwirtschaftlich ausgebauten Waldweg. Nach einer Weile steigen wir ein Stück zusammen mit dem *Bubenreuther Hochwasserweg* im Wald empor. Passende Markierung: weißer Schwimmreifen auf dunkelblauem Grund!

Genau da, wo es ein Stück eben wird, knickt die *Bethang*-Markierung nach rechts in einen weiter steigenden Weg, der die steile *Rathsberger Straße* erreicht. Gegenüber auf schmalem Pfad hoch und wieder zur Straße, die dazwischen eine Kehre durchläuft. Vor uns liegt *Rathsberg*, knapp außerhalb von *Bethang*. Deshalb halten wir uns rechts parallel zur Straße, am oberen Rand des *Meilwalds,* unter stattlichen Bäumen oberhalb von Sandsteinfelsen.

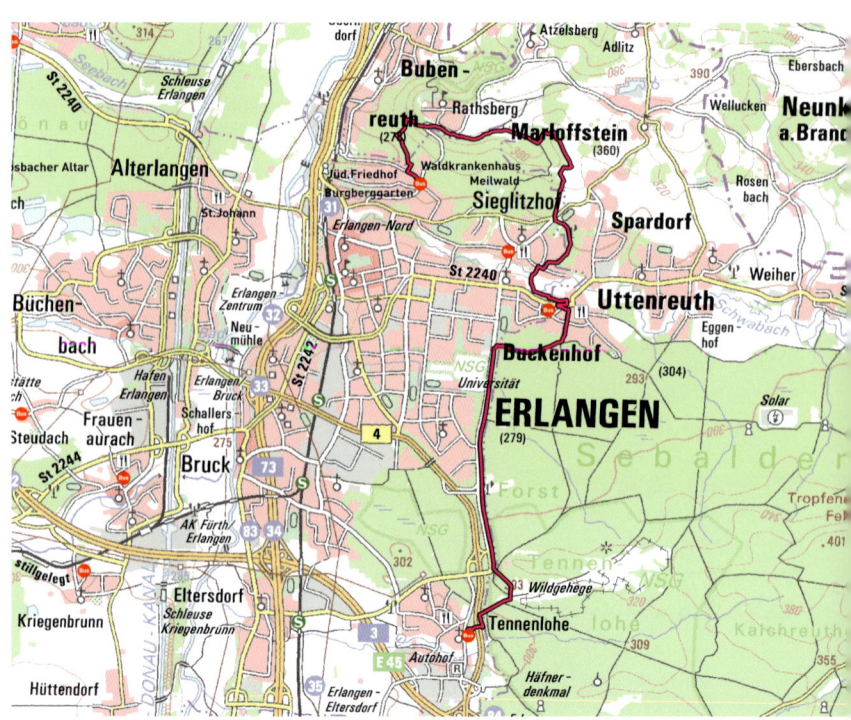

Zwischen Erlangen und Rathsberg im Meilwald

Einblick

Der Meilwald (»Meil« ursprünglich wohl eine Längenmaß-Bezeichnung) wird 1314 das erste Mal urkundlich erwähnt, als der Bamberger Bischof dem neu gegründeten Kloster Neunkirchen am Brand Holzrechte verleiht. Kaiser Karl IV. kauft das Dorf Erlangen 1361 den Bambergern ab, der Wald nördlich der Schwabach wird ausgenommen. 1565 erwirbt Erlangen den südlichen Teil, der nördliche bleibt bei Bamberg (»Bischofsmeilwald«).

Die Straße biegt beim Trafo-Häuschen nach links ab, unsere Markierung verläuft an der Hangkante und führt ins Landschaftsschutzgebiet hinein. Vorn zeigt sich kurz der markante *Marloffsteiner Wasserturm*. Über Wiesen erreicht man eine Wegkreuzung.

Ausblick

Bei dieser Kreuzung lohnt sich ein 200-Meter-Abstecher auf dem Feldweg zur Anhöhe mit Sitzbank. Von dort schweift der Blick (von links) zu den Höhenzügen der Friesener Warte und Langen Meile, zur weiß leuchtenden Vexierkapelle über Reifenberg und zur Burg Feuerstein; auf der anderen Seite des Wiesenttals zeigen sich Walberla, Lindelberg, Hetzles und schließlich die Kalchreuther Höhe.

Zurück und mit der *Bethang*-Markierung weiter zum Wald. In ihm abwärts, auf geschwungenem Pfad in den wunderschönen Grund des *Hirschtals* mit einem renovierten langen Holzsteg. Die originelle Plakette des *Berg & Talpfads* taucht auf, der 2015 von der Verwaltungsgemeinschaft *Uttenreuth* angelegt wurde. Es geht am Waldrand nach Süden, bis bei einem Waldzipfel und bei Pferdekoppeln das ländliche Ortsende von *Spardorf* vor uns liegt. Zwischendurch hatten wir *Bethang* übrigens kurz verlassen. Weit im Südosten verschwimmen die Höhenzüge der Alb, im Mittelgrund, hinter der *Kalchreuther Höhe*, zeigt der *Moritzberg* gerade noch den Scheitel seines Haupts. *Spardorf* gehört nicht zu *Bethang*, demzufolge lassen wir es links liegen und biegen nach rechts, dann aber gleich hinein in einen leider oft matschigen, laubenartig umwachsenen Weg. Im Nordosten schmiegt sich *Marloffstein* samt Schloss an den Hang. Wir passieren einen *Boxer Klub* (nein, keine Fausthiebe – Hunde!) und erreichen die heftig frequentierte *Sieglitzhofer Straße* nahe der Einmündung der *Spardorfer Straße*.

Die Straße mit Vorsicht überqueren, hinter dem BMX-Gelände vorbei und rechts haltend durch den Wald, haargenau auf der *Bethang*-Grenze. Aufpassen, die kleinen Wege verzweigen sich immer wieder! Von links schimmert und tönt Schul(hof)arti-

Weiter Blick über die Wiesent zur Reifenberger Kapelle

ges durch die Bäume, u. a. vom *Emil-von-Behring-Gymnasium*, benannt nach dem Bakteriologen und allerersten Nobelpreisträger für Medizin im Jahr 1901. Das große, auch naturwissenschaftlich-technologisch ausgerichtete Gymnasium ist zudem Partnerschule der *Fraunhofer-Gesellschaft* »zur Förderung der angewandten Forschung«.

Kurz vor den Wohnblöcken der *Eskilstunastraße* (*Eskilstuna* liegt in Schweden auf 59° nördlicher Breite und wurde 1961 die erste Erlanger Partnerstadt) führt man uns weiter durch Wald zum *Hasenweg* und *Lampertsbühl* und in die *Lange Zeile*. Hier befinden sich die *Waldschänke* sowie, ganz nah, Wohnstätten wichtigster Stadt- und Landespolitiker, die teils i. R., teils äußerst aktiv sind. Da sie wohl kaum Hausbesuche schätzen, nehmen wir (trotz allgemeiner Neugierde) von Namensnennungen Abstand!

Tipp: Unsere Markierung leitet sofort scharf links in den *Bogenweg*. Geht man stattdessen 150 Meter in der *Langen Zeile* geradeaus, kommt die Bushaltestelle *Im Heuschlag*. Von dort leicht links haltend nach weiteren 200 Metern zum *Brücken-Paulus* mit seinem Linden-Biergarten.

Folgt man dem Linksknick in den *Bogenweg,* führt ein Brücklein über die *Schwabach*. (Hierher kommt man vom *Brücken-Paulus* nach Überquerung der *Schwabach* auf der *Venzone*-Brücke, indem man 400 Meter dem Flüsschen am Wiesenweg aufwärts folgt. – *Venzone* im *Friaul* wurde 1976 durch ein Erdbeben verwüstet. Der Erlanger Stadtrat beschloss Hilfe; seit 2001 besteht sogar eine Patenschaft.)

Im *Schwabachgrund* aufwärts, bis das Flüsschen nach links biegt; dort geradeaus weiter, dann zur Straße *Am Schwabachgrund*. Wir kürzen dabei einen »Schnirpfel« von *Bethang* ab und erreichen, jetzt eine Zeit lang auf städtisch-hartem Grund marschierend, die viel befahrene *Gräfenberger Straße* in *Buckenhof*. Sie wird ein wenig westlich, an der nahen *Bethang*-Grenze, zur *Drausnickstraße*.

Einblicke

Erlangen war fast eineinhalb Jahrhunderte offizielle Garnisonsstadt für – in chronologischer Folge – (preußische-)bayerische-deutsche Soldaten, nach 1945 dann für amerikanische. Vom hier stationierten 19. Infanterie-Regiment fielen von 1914 bis 1918 genau 67 Offiziere, darunter Oberst Drausnick, ferner

338 Unteroffiziere sowie 2586 »Gemeine«. Die allermeisten von ihnen mussten naturgemäß ohne »eigene Straße« bleiben ...

Buckenhof, Mitglied der Verwaltungsgemeinschaft Uttenreuth, hält einen Rekord: Es ist die flächenkleinste Kommune Bayerns! Von 1886 bis 1963 fuhr die legendäre Sekundärbahn »Seku« (sprich: Seekuh) nach Eschenau durch, die vielleicht dermaleinst wiederaufleben könnte. Mehr als ein Dutzend Gemeinden fordern nämlich für die geplante »StUB« (s. auch S. 75f.) einen »Stadt-Umland-Bahn-Ost-Ast«, also eine zusätzliche Strecke Erlangen-Eschenau zur Gräfenbergbahn, sozusagen eine »Neo-Seekuh«.

Bei der Bus-Wendeschleife (Linie 285 nach *Erlangen Hbf.*), wo gegenüber ein Bäckerei-Café lockt, geht's spitzwinklig links ab bis zur *Tennenloher Straße*. Dort verbirgt sich etwas nach links versetzt der *Hallerhof* bzw. das darin befindliche *Restaurant Afroditi*. Wir werden nach rechts zum Waldrand geschickt. Hier beginnt ein Bannwald mit angenehmen Wegen, der gemäß *BayWaldGesetz* »Erhalt und Schutz« genießt – und zwar besonders in *Verdichtungsräumen,* wie unserem *Bethang*! Auf dem *Buckenhofer Forstweg* unter den stattlichen Kiefern des *Buckenhofer-Sebalder Forsts* – was taucht da nach einer schönen Zeit im Wald plötzlich vor uns auf und ist 141 Meter hoch? Richtig geraten! Aber ab jetzt wird der Schlot verborgen bleiben und uns nicht länger »vexieren« ...

Am Kreisverkehr der *Kurt-Schumacher-Straße* (1895–1952; kein Formel-1-Pilot, sondern SPD-Oppositionsführer) zieht unser Kiesweg an derselben entlang und am Ortsende-Schild vorbei. Nun geht's exakt auf der *Bethang*-Grenze weiter, ziemlich lang und ziemlich geradlinig, aber einigermaßen unterhaltsam voran. Rechts, auf der anderen Straßenseite, das frühere Spiel- und Übungsgelände (bis 1993) der mächtigen *US-Army*. Ein Stück weiter erscheinen die neueren, stets noch wachsenden Gebäude des Uni-Südgeländes. Ein paar Kilometer weiter hinten, an der Paul-Gossen-Straße, baut auch Siemens sein »Campus«, wie das heute chic heißt. (Ein Riesenprojekt: Auf einer Fläche von mehr als 75 Fußballfeldern entsteht ein ganzer Stadtteil mit Forschungs- und Laborarbeitsplätzen, moderner Büroinfrastruktur, Wohnungen und Grünflächen. »Modul 1« soll 2020 fertiggestellt sein, »Modul 2« startet bereits. Auch Gastro- und Einkaufsangebote sind geplant). Zur Linken liegt scheinbar bloß ein einfacher Na-

Bannwald mit Munitions-
resten bei Buckenhof

delwald, jedoch mit der scharfen Warnung beschildert, die Wege
nicht zu verlassen: »Lebensgefahr! wegen historischer Nutzung ...
Munition, Kampfmittel!« ist da zu lesen. So, so ... bis weit übers
Ende des Kalten Krieges hinaus munkelte man, dass hier Atom-
waffen lagern ... obber nix Gwieß waaß mer net.

Wir gehen zum Glück geradeaus, obwohl der *Buckenhofer
Forst* sehenswerte Gedenksteine birgt und als wunderschönes
Waldgebiet gelobt wird. Rechts drüben am Straßenrand bemer-
ken wir ein dreistöckig-haushohes Kunstwerk (seit 1980, von
Alf Lechner, Jahrgang 1925): zwei metallglänzend aufstrebende
Seitendiagonalen (oh, der Geometrieunterricht ...), die – und
das muss man wissen oder ergründen – zu einem unsichtbaren
Würfel gehören. Das ist an dieser Stelle in der Tat beziehungs-
reich! Vielleicht, noch weiß niemand Genaues, kommt hier der-
maleinst die *Stadt-Umland-Bahn* von *Nürnberg* daher und fährt
an Siemens entlang, oder gar quer durch, in Richtung Innenstadt.
Als Bezeichnung böte sich – wie schon an früherer Stelle gesagt –

Blick vom Schwabachgrund nach Sieglitzhof

Beranzo-Bahn an, denn *Fürth* und sein *th* bleiben außen vor, dafür ist Her*zo* mit *zo* im Spiel! (Im Ernst: Mit 60.000 täglichen Pendlern bei ca. 114.000 Einwohnern muss etwas geschehen; die Stadt *Erlangen* hat 2019 als Erste in Bayern den »Klimanotstand« ausgerufen. Nur Radwege genügen da nicht ...)

Es folgen: rechts die Straßen-Verklammerung »Südspange«, links ein Sendemast, nach vorn ein guter Kilometer »Im-leichten-Frust-geradeaus«, bis zu einem neuerlichen Kreisverkehr ... dort geht's geradeaus. (Vielleicht doch gut, wenn man Begleitung für packende Gespräche hat. Wir unterhielten uns z. B. – kompensatorisch? – über F. J. Degenhardt (1931–2011; Liedermacher mit teils bösen Texten: »Und als der fleißige Student beendet hat sein Studium, da zieht er aus der Lernfabrik in eine andre um«), ein andermal über René Desmaison (extremer Bergsteiger, 1930–2007; lebte lieber abgeschieden auf dem Lande ...). Die Straße wendet sich rechts über eine Brücke, wir gehen (geradeaus) über einen asphaltierten Querweg (Wegweiser »Royal Rangers«, »Urwildpferde«) und dann (wieder geradeaus) in den Wald. Endlich treffen wir auf den *Quellstein*, der im Jahr 2005 mit Finanzhilfe des Rotary-Clubs künstlerisch-golden geschmückt wurde. Hier führt links ums Eck der *Heuweg* nach ein paar Hundert Metern zum ausgedehnten Gehege der Urwildpferde (und Ziegen) im *Tennenloher Forst*.

Unsere Markierung bringt uns stattdessen in die *Skulpturen-achse*, ein von Kunstwerken mit beachtlichem Verstörungspotenzial gesäumter Weg. Titel wie »Entspannt, Steht im Walde« oder »Das letzte Opfer« mögen der Wanderer Erwartungen und Fantasie befeuern! Dann an der lebhaften, sehr breiten *Äußeren Nürnberger Straße* entlang, bis man, den *Bethang*-Rundweg auf seinem straßenbegleitenden Grenzverlauf verlassend, mittels eines markierten Stichwegs und einer Fußgängerbrücke gefahrlos hinüberwechseln kann. Die *Bethang*-Markierung für die 6. Etappe führt geradeaus weiter, aber heute wollen wir vermutlich zum Bus in *Tennenlohe.*

Auch im Brückenbereich stehen – teils vernachlässigt wirkende – Kunstwerke. (Für den *Tennenloher Skulpturenpark* die 6. Etappe beachten, s. S. 80) Wir halten auf den spitzigen Turmhelm der im Barock restaurierten und mit Nürnberger Wappen versehenen *Maria-Magdalena-Kirche* aus dem 15. Jahrhundert zu. In Pestzeiten wurde sie vorübergehend zugunsten des Schutzheiligen *Sebastian* umbenannt, der bekanntlich durchbohrende, die Pest symbolisierende Pfeile (zunächst) überlebte.

Vorausblick

An dieser Stelle eine schier unglaubliche Antizipation der Bethang-Idee: Der inzwischen verstorbene Dipl.-Theologe Karlheinz Frisch, Nürnberg, teilte den Verfassern mit, am 31. April 2013 eine schwache, verkratzte Inschrift »norim-furth-erlang« vom Ende des 18. Jahrhunderts an der Kirche entdeckt zu haben. Bei sehr günstiger Beleuchtung könne man sie rechts von der Kirchentüre, ganz oben in der Nische des Treppenaufgangs, mit Mühe erkennen. – Vielleicht eine Reverenz an die besondere Lage der Kirche, nahe an den (damals) drei Städten?

Tennenlohe gehörte lange zu *Nürnberg*, war später eigenständige Gemeinde und wurde Mitte des Jahres 1972, als südlichster Stadtteil, nach *Erlangen* eingemeindet. In Kirchennähe stehen schöne Fachwerkhäuser sowie, seit A.D. 1609, das *Gasthaus Rotes Ross*. Zudem das alte *Hirten- und Armenhaus* und das alte *Dorfschulhaus.* Letzteres ist, wie die ganze Schulpflicht, sicher nicht ganz so alt. Bei den nahen Bushaltestellen *Tennenlohe Kirche* gibt es ein gefälliges Wartehäuschen, vor der Pizzeria *Goldener Schwan* steht ein silberglänzender, hoffentlich hoch wirksamer »Friedensengel« von 2015. Dank dem leistungsfähigen *VVB (Verkehrsverbund Verdichtungsraum Bethang* – einst *VGN)* verkehren in engem Takt die Linie 295 nach *Erlangen Hbf.* und die Linie 20 zu den *Arcaden* (nähe Hbf.), in Gegenrichtung die Linien 20 und 290 nach *Nürnberg Am Wegfeld.* Dort ist man vielleicht sehr froh über den Kiosk von *Brezen-Kolb,* sowie natürlich über viele Busse und die Tramlinie 4.

Einblick

Bevor wir in der 6. Etappe BethANG verlassen werden, hier ein paar Überlegungen analog denen zum Fürther Kleeblatt (s. S. 36). Das Erlanger Stadtwappen setzt sich seit 1707 dreifaltig zusammen, aus dem Zollern-Brackenkopf (die Bracke/der Bracco ist ein früher bekannter Typus Jagdhund/Schweißhund), dem luxemburgisch-böhmischen Löwen (doppelschwänzig, heute Symbol der Tschechischen Republik) für die Altstadt sowie dem brandenburgisch-preußischen

Kunst am Quellstein
vor Tennenlohe

Adler (bezeichnenderweise einköpfig, obschon vom fast immer doppelköpfigen Reichsadler abstammend) für die Neustadt. Wieder eine Antizipation des Bethang-Dreiklangs! – Seit 1977 verwendet Erlangen ein Signet mit quadratischem 5-mal-5-Grundriss und nur 24 Quadraten darauf, sodass ein Platz frei bleibt. So wird die barocke Planstadt symbolisiert, wobei das ausgesparte Quadrat die traditionelle Offenheit der Stadt ausdrücken soll. Das passt schon auch gut zur Bethang-Idee, oder?

Weitere wichtige Markierungen auf dieser Etappe in der Reihenfolge ihres Auftretens:

Weißer Ring auf Blau, »Hochwasserweg« um Rathsberg und Bubenreuth, 8 km
Blaues Kreuz, Markgrafenweg, Erlangen – Bayreuth, 82 km
»K«, Wegenetz Kulturerlebnis Fränk. Schweiz (Geschäftsstelle Tel. 0 91 91/86-10 40), ca. 300 km
VG-Logo Uttenreuth, Berg & Talpfad durch alle vier Ortsteile der VG Uttenreuth, 19 km
Gelber Punkt, Erlangen/Schlachthof – Heroldsberg/Süd über Kalchreuth, 21 km
Rotes Kreuz, »Eppeleinsweg«, Buckenhof – Neumarkt, 90 km
Blaues Kreuz, Zugang zum »Hans-Krauß-Weg«, Erlangen Hbf – Gründlachgrund, 16 km
Grünes Kreuz, Tennenlohe – Steinbruch »Ohrwaschl«, 4 km
Rotes Kreuz, Buchenbühl – Steudach, 28 km

6. Etappe
Von Erlangen-Tennenlohe
nach Nürnberg-Nordostpark

Für sensible Wanderer deuten sich – trotz bukolischer, ja idyllischer Eindrücke und sehr angenehmer Wege am Rand des Knoblauchslands – hie und da Schmerzgrenzen mit Motorendonnern an, zum Glück nur vorübergehend. Nach »Vor-Bethang-Sichtweise« erfolgt der Wechsel von Erlangen nach Nürnberg.

Weglänge: 14,3 km, keine Steigungen
Netto-Gehzeit: 3,5 Std., dazu sehr lohnende Abstecher
Wegverlauf: Tennenlohe – Neunhof – Irrhain – Flughafen – Buchenbühl – Nordostpark
Start: in *Tennenlohe* bei der Bushaltestelle *Tennenlohe Kirche*; dorthin von *Erlangen Hbf.* mit der Buslinie 295, oder mit den Linien 20, 290 von *Nürnberg Am Wegfeld*; dort Endhaltestelle der Tramlinie 4, die man gut am *Plärrer* (U1, U2) und beim *Friedrich-Ebert-Platz* (U3) erreicht
Rückfahrt: nach *Nürnberg Hbf.* von den Bushaltestellen *Nordostpark* in der *Thurn-und-Taxis-Straße* mit Bus und U-Bahn; Buslinien 30 (*Nordostbahnhof, Flughafen*/U2, *Erlangen*) bzw. 31 (*Herrnhütte*/U2, *Am Wegfeld*)
Halte unterwegs: in *Neunhof* mit Buslinie 31 nach *Herrnhütte*/U2 bzw. *Nordostpark*; in *Buchenbühl* Buslinie 21 nach *Ziegelstein*/U2
Einkehrmöglichkeiten: in *Neunhof* eine Bäckerei und *Gasthaus Zum Alten Forsthaus* (Dienstag und Mittwoch geschl., Tel. 09 11/30 55 96), *Hotel-Gasthof Grüner Baum* (Montag geschl., Tel. 09 11/9 36 44-0), Gasthaus Buchenbühler Eck (ASV Buchenbühl, ab 17 Uhr, So ab 12 Uhr; Mo geschl.; Tel. 0911/522 215)

Nahe der Bushaltestelle *Tennenlohe Kirche* beginnt beim *Gasthaus Rotes Ross* eine Zubringer-Markierung zum *Bethang*-Rundweg. Es geht in nördliche Richtung auf den nahen, seit 1996 sehenswerten *Skulpturenpark* zu, der einen Abstecher von nur etwa 100 Metern erfordert. Vom Jahr 1386 an muss an diesem Ortsende eine Zollstation der Ansbacher Markgrafen gestanden haben, um vor allem, aber nicht nur, die Nürnberger »Pfeffersäcke« abzukassieren, diese wenig beliebten, aber schwerreichen Kaufleute, deren Wohlstand (angeblich) aus dem einträglichen Gewürzhandel – Pfeffer eben! – stammte.

Wir müssen beim Wegweiser *Skulpturenachse* von der Straße abbiegen und auf einer Fußgängerbrücke über die lebhafte, dicke *Äußere Nürnberger Straße*. Dort verläuft am Rand des *Naturschutzgebiets Tennenloher Forst* der *Bethang*-Rundweg. Nach links zeigen Wegweiser zu den Urwildpferden und zur *Skulpturenachse*, aber wir gehen nach rechts, schon wieder mit der eindringlichen Mahnung, ja nicht die Wege zu verlassen: *Lebensgefahr! Das gesamte Gelände ist aufgrund seiner historischen Nutzung mit Munition und sonstigen Kampfmitteln belastet!* Tz, tz, tz ... Möglich – einige von uns könnten es erleben! –, dass hier dermaleinst die auf circa 25 Kilometer Länge projektierte *Stadt-Umland-Bahn* (s. S. 75f.) gebaut wird oder gar verkehrt. Doch das ist alles immer noch Zukunftsmusik ...

Nun wächst der Abstand zum Lärm, es folgt ein breiter Weg, begleitet von Informationstafeln zum Wald und mit Spuren gewaltigen Holzeinschlags in der Gemarkung *Böhmlach*. Wir durchschneiden etwas außerhalb von *Bethang* einen Zipfel des

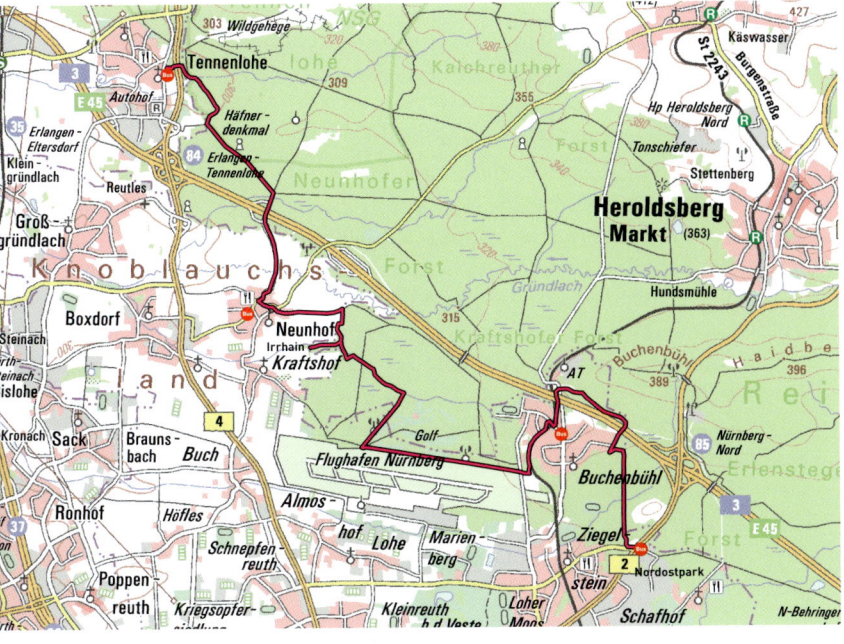

Luftwurzeln in der Nähe
des Kothbrunngrabens

Neunhofer Forsts. Ein langes, gerades Wegstück führt über eine
breite Wegekreuzung und am *Häfner-Denkmal* vorbei. Dieses
erinnert an einen Förster, der am 18. Mai 1899 dort tot zusam-
menbrach. Sein Pferdefuhrwerk (griechisch: »hippos«, Pferd)
fand ohne Weiteres allein nach Hause. Da drängt sich der Ge-
danke an eine animalische Frühform des uns vielleicht bald erei-
lenden »autonomen« Fahrens auf – alias »Hipponomie«?

Nach einem weiteren guten Kilometer geht's zur Brücke über
die sechsspurig donnernde A3. Dort sind wir haargenau an der
Grenze zwischen *BEthang* und *BethANG*. Letzteres haben wir
nun hinter uns gelassen. Die A3 werden wir heute zwei weitere Male kreuzen, und da könnte uns jeweils das *Logion 42* des
apokryphen *Thomas-Evangeliums* in den Sinn kommen: »Wer-
det Vorbeigehende!« Das tun wir ganz gewiss an dieser Stelle,
versprochen!

Nürnberg beginnt mit dem *Kreuzäckersträßchen* und dem
Schützenvereinsheim Edelweiß-Ranch, das bescheiden wirkt und

vom Namen her doch recht vielseitig klingt. Zur Linken ragt ein Flughafen-Sendemast, rechts in der Ferne und viel, viel schöner, der Kirchturm von *Großgründlach* in den Himmel.

Einblick

In der Sigena-Urkunde, der ersten urkundlichen Erwähnung 1050, heißt Nürnberg noch »Norenberc«; »nuorin«/»norin« hat die Bedeutung »felsig«. Bei »Noris« handelt es sich um eine sprachliche Neuschöpfung von Dr. Fritz Helwig im 17. Jahrhundert.

Fernblick

Kurz vor Neunhof überqueren wir die Gründlach, ein gerade knapp zehn Kilometer junges, zierliches Bächlein, aus Heroldsberg bzw. dessen Ortsteil Kleingeschaidt gebürtig. Sie fließt von hier fünf Kilometer weiter gen Westen zum (ehemaligen) »Tripelpunkt«. Das ist die Stelle, wo haargenau die (mittlerweile obsoleten) Städte Nürnberg, Fürth und Erlangen zusammentrafen, Bethangs »Nabel« sozusagen! Er liegt bei einem Weiher direkt am Bach, in der Nähe rostiger Zäune und einer windschiefen Hütte mit (leeren) Weinflaschen davor; der Frankenschnellweg hörbar in der Nähe. (Wenn man einen Nabel gegenständlich ganz aus der Nähe anschaut, ist's halt oft gar nicht eitel Freude ...) Tja, und

Bei den Kreuzäckern vor Neunhof

keine 500 Meter entfernt, Richtung Eltersdorf, direkt an der Gründlach bei der Königsmühle (ein ursprünglich Staufisches Königsgut, das 1972 nach Fürth, dann 1977 doch nach Erlangen eingemeindet wurde) explodierte Ende März 1984 die aus der damaligen UdSSR kommende Gasfernleitung. Nachdem das Gas in rund zehn Tagen sibirische Sümpfe, Hunderte Flüsse, den Ural, die Karpaten und den noch quer durch Europa gehenden »Eisernen Vorhang« überwunden hatte, schlug es als Stichflamme über 100 Meter hoch in den Himmel und lohte, bis die kilometerlangen Rohre zu den nächsten Absperrstationen ausgebrannt waren. Der Knall war über zehn Kilometer weit zu hören, ein Krater mit 150 Meter Durchmesser bildete sich. Wie durch ein Wunder kamen keine Menschen zu Schaden. Auslöser waren vermutlich Haarrisse, die sich in den Röhren durch Belastungen des Straßenverkehrs gebildet hatten. Das gibt's doch eigentlich gar nicht … oder doch?

Felder, Pferde und -äpfel geleiten uns, bei verebbendem Lärm, ins ansprechende Dörfchen *Neunhof* – vorausgesetzt, wir sind heil am über 500 Jahre alten, mit Schauergeschichten verknüpften *Kreuz bei den Kreuzäckern* vorbeigekommen; die Geschichten darüber sind vor Ort nachzulesen. Es geht kurvig ins Dorf, welches knapp innerhalb *Bethangs* im *Knoblauchsland* liegt, der wichtigen, ausgedehnten Gemüseregion des Verdichtungsraums.

Gibt's im Knoblauchsland (Neunhof)

Umblick

Das Knoblauchsland ist eines der größten zusammenhängenden Gemüseanbaugebiete Deutschlands. Es weist ein »warm gemäßigtes Regenklima« auf, mit einer durchschnittlichen Jahrestemperatur von 9,3 °C (bis jetzt ...) sowie einer Niederschlagsmenge von 637 Millimetern und rund 1.700 Sonnenscheinstunden pro Jahr. Eine Vielzahl an bodenbrütenden Vogelarten (vom Kiebitz übers Rebhuhn bis zur Wiesenschafstelze) sind in dieser offenen und teils noch kleinteilig strukturierten Kulturlandschaft anzutreffen, inzwischen sind diese aber auch bedroht. Angebaut werden Salat-, Gemüse- und Blumenarten, Getreide, in Gewächshäusern auch Zucchini, Auberginen und Tomaten. Besondere Tradition hat seit dem 17. Jahrhundert der Spargelanbau; der Tabakanbau, seit 1630 belegt und später in Deutschland sogar führend, ist mittlerweile nahezu verschwunden. Die Erschließung des Knoblauchslandes durch Rodungen ging ab dem 8. Jahrhundert von den Königshöfen Aurach (z. B. Großgründlach und Eltersdorf) und Fürth (z. B. Wetzendorf, Schniegling und Poppenreuth), später von Nürnberg (Thon, Großreuth) aus. Ab dem 13. Jahrhundert erwarben sowohl die Reichsstadt als auch die Burggrafen und späteren Markgrafen von Brandenburg-Ansbach Besitztümer. Konflikte führten 1449 zum Ersten Markgrafenkrieg, auch der Zweite Markgrafenkrieg (1552–1554) und der Dreißigjährige Krieg brachten großes Leid und schlimme Zerstörungen.

Nach kurzer preußischer Verwaltung gelangte das Knoblauchsland Anfang des 19. Jahrhunderts zum neu gegründeten Königreich Bayern. Im Zuge der Gebietsreform von 1972 schlug man bisher eigenständige Gemeinden den Städten Nürnberg, Fürth und Erlangen zu.

Bei der Kreuzung, wo rechts die Bäckerei ist, nach links in die *Untere Dorfstraße*. Durch sie, an der Rarität eines »Spargelautomaten« vorbei, gelangen wir bald zu den beiden *Neunhofer* Gasthöfen, der Bushaltestelle und dem *Schloss Neunhof*. Dieses ist im Privatbesitz der Familie *Kreß* und wurde nach dem *Ersten Markgrafenkrieg 1449* neu errichtet. Der Barockpark mit seinen köstlichen Zwergen-Grotesken gleich zu unserer Rechten ist durchs Tor in den Sommermonaten frei zugänglich. Für Schlossbesichtigungen sollte unter Tel. 09 11/1 33 10 nachgefragt werden, weil immer wieder Sanierungsarbeiten anstehen.

Wir kreuzen die *Obere Dorfstraße*. Auf dem *Soosweg* (eine alte Flurbezeichnung, nix aus der »Jugendsprache«!) geht's durch die Felder, bei einem Geviert aus ländlichen Gärtchen und Häuschen biegen wir am Waldrand rechts ab. Es kommt ein Hinweis

Kraftshof im Knoblauchsland

aufs nahe steinerne *Studentenkreuz*. Dort informiert die Studentenverbindung »Uttenruthia« über ihren hier am 20. März 1919 ermordeten »Bundesbruder«, den Studenten Friedrich Zacharias Schmidt. Der Fall wurde nie aufgeklärt.

Dann steuern wir auf die Waldzunge zu, die den sehenswerten *Irrhain* beherbergt.

Einblicke

Nahebei soll der ortsansässige Friedrich Schnetzer (vulgo »Dino-Fritz«) Ende des 18. Jahrhunderts bei Waldarbeiten auf einen ungeheuren fossilen Knochen gestoßen sein. Er meldete den Fund dem Ortspfarrer, der die Universität Erlangen einschaltete und den Vorfall unter »kalendae aprilis« ins Kirchenbuch eingetragen haben soll. Leider gibt es keinerlei Spur dieses interessanten Funds. Mutmaßungen, der seinerzeit zuständige Professor der Paläontologie, Jelden van Stengel, ein passionierter Sammler, hätte ihn seiner Privatsammlung einverleibt, entbehren jedweder Grundlage.
Der Irrhain (das klingt besser als »Irrwald« – Dichter lieben den Hain!) entstand bis zum Jahr 1678 auf Initiative von Martin Limberger, Pfarrer des nahen Dorfs Kraftshof. Er liegt circa 500 Meter westlich des Bethang-Wegs; der Abstecher dorthin ist unbedingt lohnend. Eine stimmungsvolle Stätte mit Gedenksteinen aus zwei Jahrhunderten, einstiger Treffpunkt namhafter Nürnberger Barockdichter des »Pegnesischen Blumenordens«, der seit 1644 und bis heute besteht. Der noch immer sprichwörtliche »Nürnberger Trichter«, nicht nur von Lehrern

oft gewünscht, geht zurück auf den Titel eines Poetik-Lehrbuchs des Begründers des Ordens, Philipp Harsdörffer: »Die Teutsche Dicht- und Reimkunst, ohne Behuf der lateinischen Sprache, in VI Stunden einzugießen«, Nürnberg 1648.

Weiter durch den Wald, an einem der reizendsten Bachläufe weit und breit, namens ... äh ... *Kothbrunngraben* (von wegen nomen est omen!). Leider trocknet der Graben seit einigen Jahren im Sommer oft aus.

Über eine Brücke *(Hermesbrücke)* verlassen wir den Bachlauf nach rechts und folgen sofort dem Wegweiser zum *Golfclub*. Hier soll der Schutzstatus genießende Bannwald nach Osten hin erweitert werden; hoffentlich nützt es! (Vorsicht: Nach rechts wären wir auf dem sprichwörtlichen *Holzweg*, der hier tatsächlich so heißt.)

Der Parkplatz für die großen Limousinen bleibt seitlich liegen. Dann kommt ein Radarturm, und wir prallen quasi auf den Stacheldrahtzaun vorm fast drei Kilometer langen, schwer zu übersehenden und einige Worte verdienenden Rollfeld des *Albrecht Dürer Airport Nürnberg*, so der Name seit Dezember 2014.

Der Irrhain bei Kraftshof

Einblick

Hoffentlich hat die Kulturreferentin Prof. Dr. Lehner da nicht was in Sachen Renaissance-Flugapparate mit einem gewissen Leonhard aus Vinci durcheinandergebracht! »Bethang-Port« wäre jedenfalls ein sicherer Name gewesen, mit Zukunft. Gefallen könnte auch »Konrad-Grübel-Lufthafen«, nach dem Mundartdichter, Stadtflaschner und Gassenhauptmann, 1736 bis 1809; Goethe soll ihn gelobt haben!
Jedenfalls nach Kriegsende im Jahr 1955 der erste neue deutsche Flughafen! 1992 Bau eines großen Terminals, 1999 adäquater Tower von 47 Metern Höhe. Der konnte sich lang nicht entscheiden, ob er nicht lieber eine Skisprungschanze werden will, und signalisiert den Flugzeugen elegant, dass man die Schwerkraft nicht so ernst nehmen muss.
1960 gab es hier gut 100.000 Fluggäste, 1987 eine Million. Im Jahr 2018 war, bei viereinhalb Millionen Fluggästen, jeder Nürnberger, vom Baby bis zum Greis, statistisch betrachtet neun Mal dort in der Luft ... und Otto Normalrumflieger, ohne jede zeitgemäße Flugscham, sicher deutlich öfter. So viel dazu! Das Einknicken der Wachstumsrate, z. B. aufgrund von Pleiten diverser Fluggesellschaften, sorgt für Irritationen, außer bei »Umweltaposteln« (und Anwohnern, die weitum vom Fluglärm mit 60 Dezibel gestresst werden, vor allem auch nachts). Und dann kommt zur enorm klimaschädlichen Fortbewegungsart noch das giftige PFC aus dem Löschschaum im Boden hinzu, das den Behörden seit Längerem reichlich Sanierungsprobleme beschert ...

Ab hier begleiten uns *Bethang*-Grenzsteine dicht am Zaun, jenseits desselben interessiert sich vielleicht ein Security-Fahrzeug für uns. Daneben erfreuen gepflegte Greens betuchter Golfer. Wer Pech bzw. Glück hat, kann den überdeutlichen Sinn des alten Sprichworts »wie man in den Wald hineinlärmt, so schallt es wieder heraus« im Zeitalter der Düsentriebwerke hören. (Fünf Meter neben dem Zaun hämmerte bei unserem letzten Besuch ungerührt, irgendwie tröstlich, ein Specht.)

Endlich, am Ende des sehr langen Zauns, können wir, uns etwas links haltend, die *Rathsbergstraße* überqueren und bald links ins Wäldchen biegen. Dann geht's an der Bahnlinie entlang in die ehemalige Arbeitersiedlung *Buchenbühl*, die ab dem Jahr 1919 errichtet wurde. Die 1961 geweihte *Himmelfahrtskirche* ist innen und außen gänzlich aus Klinker. Wir gehen um sie herum und über die Geleise der *Gräfenbergbahn* zur Bushaltestelle *Siedlungswerk* (Linie 21). Von dort links haltend zur Unterführung der *Kalchreuther Straße*,

Rollfeld, Tower, Sicherheit …

danach mit dem nächsten Weg in den *Sebalder Reichswald*. Heute bleiben wir noch »orografisch«(aus dem Griechischen: wie's der Berg – und sein Gefälle – vorschreibt …) rechts der Pegnitz, wie eben der Stadtteil *St. Sebald*; erst die 7. Etappe führt in den in Fließrichtung der *Pegnitz* links gelegenen *Lorenzer Reichswald*. Bald kreuzen wir zum dritten Mal die A3, haargenau an der *Bethang*-Grenze.

Auf dem *Buchenbühler Weg* an Häusern entlang. Nach dem *Fuchsweg* zweigen wir vom Forstweg in einen ebenso breiten Weg ab. Sehr, sehr gleichmäßig geht's weiter, fast bis zum stark befahrenen *Bierweg*. Kurz davor verstecken sich noch schnell und überraschend ein paar Kleingärten. Dann an der breiten Straße nach links zur großen Ampel-Kreuzung, ziemlich gerade hinüber und an einer Art riesigem gläsernen Gala-Karussell entlang in die *Thurn-und-Taxis-Straße*. (Die Familie Thurn und Taxis gilt noch immer als der größte private Grundbesitzer Deutschlands; sie hatte so ab 1490 – Kaiser Maximilian I. – ein durchaus länger andauerndes Postmonopol und wurde später sogar »gefürstet«. – Warum ihr in Nürnberg eine neuere Straße zusteht? Das muss man wohl gewisse Stadtratsfraktionen fragen!)

Gleich sind die Bushaltestellen *Nordostpark* erreicht. Den Park gibt es ungefähr seit der Jahrtausendwende. Auf 27 Hektar Fläche sorgten Mitwirkung und Stil des US-Stararchitekten Kevin Roche, gestorben im Frühjahr 2019, für auffallend große

Am Nürnberger Nordostpark

Glasflächen, die heute ja allgemein beliebt sind (um bei Bedarf wieder abgedeckt zu werden). Früher soll hier angeblich keine *FutureBase*, sondern nur *Steckerleswald/Steggerlaswald* gewesen sein. Jetzt prunken unter anderem semi-transparente, trotzdem unübersehbare *Park*häuser, gnädig bedeckt von Rankpflanzen, die auch »Architektentrost« heißen. Was doch zum Wort *Park* heutzutage alles assoziiert werden darf, kann und muss!

Mit den Buslinien 30 und 31 gelangen wir wahlweise zum *Flughafen*, zum *Nordostbahnhof* oder nach *Herrnhütte*, jeweils zur U-Bahn.

Weitere wichtige Markierungen auf dieser Etappe in der Reihenfolge ihres Auftretens:

Grünes Kreuz, Tennenlohe – Steinbruch »Ohrwaschl«, 4 km
Rotes Kreuz, Buchenbühl – Steudach, 28 km
Grüner Strich, Buchenbühl – Dormitz, 17 km
Blauer Punkt, »Wildmeistersteig«, Kleingründlach – Schwand, 68 km
Blauer Strich, Fürth-Stadeln – Kleinsendelbach, 25 km
Strahlenmuschel, »Lichtenfelser Jakobsweg«, Dormitz – Stein-Deutenbach, 33 km
Maria mit Kind, »Fränkischer Marienweg«, neue Ostroute, 153 km
Triebwagen, »Gräfenbergbahn-Weg«, Buchenbühl – Eschenau, 20 km
Blaues Kreuz, »Hans-Krauß-Weg«, Nbg. Thurn-und-Taxis-Str. – Ludwigshöhe, 20 km
Gelbes Kreuz, »Beerbacher Weg«, Nbg. Thurn-und-Taxis-Str. – Schwabachtal, 18 km

7. Etappe
Vom Nordostpark zum Tiergarten

Ausblick

Eine schöne, abwechslungsreiche Etappe, wie so oft mit angenehmen Wegen durch Wald und an Wasser – dazu viel Stadt-Kultur-Geschichte. Und doch gilt es auf dieser und der nächsten Etappe zu bedenken: »Die Linien der Humanität und Urbanität fallen nicht zusammen.« (Georg Christoph Lichtenberg, Aufklärer im 18. Jahrhundert)

Weglänge: 13,4 km, kaum Steigungen
Netto-Gehzeit: 3 Std., zuzüglich Zeit für Sehenswertes
Wegverlauf: Nordostpark – Erlenstegen – Hammer – Schmausenbuck – Tiergarten
Start: in der *Thurn-und-Taxis-Straße* bei den Bushaltestellen *Nordostpark*; dorthin von *Nürnberg Hbf.* mit der U-Bahn U2 bis Station *Herrnhütte*, weiter mit den Buslinien 30, 31 (Anfahrt mit diesen Linien auch von *Nordostbahnhof, Flughafen/U2, Erlangen* oder *Am Wegfeld* möglich)
Rückfahrt: vom *Tiergarten* mit Tramlinie 5 nach *Nürnberg Hbf.* (oder zur S-Bahn S1 in *Mögeldorf*); auch Buslinie 45 nach *Ziegelstein*/U2 oder *Frankenstraße*/U1
Halte unterwegs: von der *Erlenstegenstraße* mit Tramlinie 8 oder vom *Bf. Nürnberg-Erlenstegen* mit der Regionalbahn nach *Nürnberg Hbf*; in der *Henfenfelder Straße* Bushaltestelle der Linie 40 nach *Mögeldorf*/S1; nahebei *S-Bahn Haltestelle Laufamholz*
Einkehrmöglichkeiten: *Waldrestaurant Schießhaus* (Montag geschl., Tel. 09 11/5 97 20 01); in *Erlenstegen*: *Gasthaus Goldener Stern* beim *Bf. Erlenstegen* (Montag geschl., meist nur abends, Tel. 09 11/47 89 60 36), *Café Glückswinkel* (Montag geschl., Tel. 09 11/59 14 68), zudem *Der Beck*; *Restaurant/Biergarten Zur Hammerschmiede*, *Laufamholzstraße* (Dienstag geschl., Tel. 09 11/50 22 77)

Wir schreiten mit der *Bethang*-Markierung vom Bus kommend durch die *Thurn-und-Taxis-Straße*, die große Ampel-Kreuzung der *Äußeren Bayreuther Straße* im Rücken. Die semi-transparenten *Park*häuser des Nordost*parks* mitsamt dem ganzen Technologie-*Park* (s. S. 89f.) verlieren wir dabei schnell aus Sinn und Blick. Nach 300 Metern halblinks in eine Waldfuhre, die genau auf der *Bethang*-Grenzlinie verläuft. Hier gibt es einen Beschluss, die geschützte Bannwald-Zone zu vergrößern; hoffentlich nutzt es was. Rechts fällt ein irgendwie besonders aussehender Sandhaufen auf: eine stattliche Düne! Nach dem Ende der jüngsten Eiszeit (vor gut zehntausend Jahren) war der nur von schütterer Pflanzendecke bedeckte Sandstein erodiert, zermürbt durchs raue Klima, durch Wind und Wasser, durch Hitze und Frost. Die Sandkörner wurden durch die Gegend geblasen, Dutzende bis zu fünf Meter hohe und Hunderte Meter lange Sanddünen bildeten sich im späteren *Reichswald*. Hier steht dazu eine Infotafel zur *Sandachse Franken*; später treffen wir auch noch auf den *Dünenweg* (s. S. 98).

Es geht am *Tierfriedhof*, der seit 1989 vor allem Einblicke in die menschliche Psyche gewährt – Tiere scheinen liebenswerter und verlässlicher zu sein als so mancher Zweibeiner – , und am großen *Tierheim* an der *Stadenstraße* vorbei. (Staden, auf dem Johannisfriedhof bestattet, war Organist der Lorenzkirche. Im Nürnberger Rathaussaal erklangen 1649 seine *Musikalischen Friedensgesänge*.) Wir bewegen uns auf dem *Bierweg*, der sicherlich aus guten Gründen so heißt. Da liegt zudem – wirklich wahr! – der *Boxer Klub Gruppe Fürth* (auch hier sind wieder Hunde gemeint!).

Ohne Worte (Erlenstegen)

Dann werden wir zum 1910/11 erbauten *Schießhaus der Hauptschützengesellschaft Nürnberg* gewiesen, deren Gründung sich aufs Jahr 1429 (kein Zahlendreher!) zurückverfolgen lässt – bis vor die »Entdeckung« Amerikas 1492! Treffliches Schießen ist halt, seit jeher und durch die Jahrhunderte, ein äußerst erstrebenswertes Ziel … Vor dem stattlichen Schießhaus posiert ein ebenso stattlicher steinerner Amor, ausgestattet mit einer beeindruckenden Armbrust von gewiss durchschlagender Wirkung.

Am Zaun des Schießhausgeländes entlang zum »renaturierten« *Tiefgraben,* der seinem Namen alle Ehre macht. (Zutrauliche Rotkehlchen erfreuten und begleiteten uns hier neugierig ein ganzes Stück.) Sein wildes Mäandrieren zwischen Efeu und Dorngebüsch begleitet uns ein Stück ins Innere von *Bethang,* dabei durch einen Tunnel der ehemaligen Ringbahntrasse, deren Betrieb 1992 eingestellt wurde. Weiter in den erlesenen Ortsteil *Erlenstegen* hinein, in dem Politiker und Großunternehmer wohnen. Am schön gelegenen *Naturgartenbad* entlang (bekannt für sein recht frisches Wasser und den sogenannten Rolex-Hügel der »gehobenen Besucher«) bis zur *Erlenstegenstraße*.

Gegenüber liegt die Wendeschleife der Straßenbahnlinie 8, dahinter der *Bf. Nürnberg-Erlenstegen* der Linie R3, rechts von uns das *Gasthaus Goldener Stern* (schräg gegenüber *Bäckerei/ Café Der Beck*), links ums Eck, ein wenig abseits der Markierung, das mit vollem Recht so heißende *Café Glückswinkel*. Wir queren bei der Ampel die Straße, tauchen durch die Bahnunterführung und halten uns links. Schnell erreichen wir wieder die Straße, wo es stadtauswärts bis vor 50 Jahren ein beliebtes Ausflugslokal gab, den *Kalbsgarten*. Mitte des 14. Jahrhunderts betrieb Kaiser Karl IV., auch böhmischer König und Nürnberg sehr zugetan, so geschickt seine Hausmachtpolitik, dass für einige Jahrzehnte hier die Grenze zwischen der *Freien Reichsstadt* und dem *Königreich Neuböhmen* verlief. Eine Plakette und ein Bildstock erinnern

Schießhaus mit Amor, Erlenstegen

Bildstock an der Grenze zu »Neuböhmen«

daran, Letzterer allerdings nur im Abguss, denn das von einem Lkw demolierte Original soll in den Magazinen des *Germanischen Nationalmuseums* lagern. Hier erreichte auch, von *Lauf* kommend, die später sogenannte *Goldene Straße* das Stadtgebiet. Sie wurde von Karl aus eigennützigen Gründen zwischen Nürnberg und Prag für den Gütertransport verbindlich festgelegt, nämlich um den bayerischen Hochadel der Wittelsbacher auszubremsen. Auf der gegenüberliegenden Straßenseite steht ein heutiger Grenzstein *Nürnbergs*. Der aktuelle Grenzverlauf folgt von hier seelenlos dem Asphaltband der *Erlenstegenstraße* bis zur Autobahn-Anschlussstelle *Behringersdorf*, von dort weiter der Autobahn nach Süden.

Zum Glück dürfen wir rechts abwärts zur *Pegnitz*, beim Wasserwerk *Erlenstegen* der N-ERGIE, die dort mit einem Trinkbrunnen für Durstige aufwartet. Die N-ERGIE Aktiengesellschaft zählt zu den größten Stromanbietern Deutschlands. Sie versorgt seit dem Jahr 2000 Teile Mittelfrankens und angrenzender Gebiete mit Strom und Erdgas, die Stadt Nürnberg zusätzlich mit Wasser und Fernwärme.

Der *Pegnitzsteg* führt uns über das im Allgemeinen friedfertig wirkende, insgesamt keine 120 Kilometer lange Flüsschen. Aber was hat es früher *BEthang* unter Wasser gesetzt! Von mehr als hundert Überschwemmungen berichtet die Chronik bis 1956. Dann war Schluss damit, nach dem Bau des Hochwasserstollens zwischen *Museumsbrücke* und *Trödelmarkt* nämlich.

Neuerer Grenzstein an der B 14

Spekulation

Die Pegnitz ist nun der dritte der »großen« Bethang-Flüsse, nach Rednitz und Regnitz. Obwohl – sind's jetzt eigentlich zwei oder drei Flüsse? Oder doch eher zweieinhalb? Zwei vereinigen sich zwischen den Fürther Stadtteilen »Eigenes Heim« (Baugenossenschaft seit 1909) und »Am Ronhof« (vom Althochdeutschen für »Rodung«). Dort müssen Pegnitz und Rednitz je einen Buchstaben hergeben, bekommen aber dafür je einen neuen ... wahrlich ein intimes Verhältnis! Und wie heißen nun die zweieinhalb Flüsse »insgesamt«? – Hören wir's da nicht murmeln: »Ach, wie gut, dass niemand weiß ...« – »Ha! Heißest du vielleicht ... P R E D G N I T Z?!?«

Wir betreten am *Olga-Pöhlmann-Weg* das ziemlich neue und auch umstrittene *Naturschutzgebiet Pegnitztal Ost.* Hier gibt's einen pfiffigen Naturerlebnispfad zum Thema Wasser mit originellen Hinweisen. Pöhlmann, 1880 bis 1969, war eine vielseitige Frau, ab 1927 Redakteurin der *Frauenzeitung des Fränkischen*

Kuriers. Bei gutem Wetter sind wir sicher nicht allein, sondern in zahlreicher Gesellschaft anderer Füße, Pfoten und Räder. Bald erscheinen die Ruinen von *Schloss Oberbürg;* der Patrizier Groland ließ es ab 1407 erbauen. Es lag zerstört nach dem Ersten Markgrafenkrieg Mitte des 15. Jahrhunderts, und nach Umbau zum Wasserschloss wieder nach dem Zweiten Mitte des 16. Jahrhunderts. 1628 wurde es dann als Barockschloss ausgebaut, schließlich 1943 ganz modern zerbombt. Dort rauscht eine Stromschnelle, direkt beim Schild *Flusskilometer 16,0.* So weit ist's also von hier aus bis zum *Pegnitz-*Ende, zugleich dem Geburtsort der *Regnitz!*

Bald kommt *Hammer,* 1372 urkundlich erwähnt und später 600 Jahre lang Industriesiedlung zur Fabrikation dünner Messingbleche. Wir stoßen als Allererstes auf ein Wehr, aber nicht mehr von der Hammermühle, sondern eines Flusskraftwerks. Eine Fischtreppe für die sonst ab- und eingesperrten wahren Pegnitz-Bewohner bringt starke Sympathiepunkte. Von hier ginge es zum *Restaurant Zur Hammerschmiede* (mit Biergarten) aufwärts, bis über die Straße. Die *Bethang-*Markierung allerdings leitet durchs Tor hinein nach *Hammer.*

Rückblick

In Hammer entdecken wir konservierte Reste von Arbeiterhäusern für einst dreißig Familien, ein früheres Wirtshaus mit einladendem Aushängeschild, eine ehemalige Gießerei, ein Uhrenhaus mit Ausstellung (im Sommer). Bis in den Barock zurück datieren die Gebäude, die unter dem Bombardement 1943 schwer litten. Als 1958 ein Wasserschutzgebiet entstand, wurden die Ruinen unter Denkmalschutz gestellt. Der zwölf Meter hoch aufragende Obelisk, Nachbildung eines von den Römern aus Ägypten nach Konstantinopel verbrachten Originals, stand ab 1709 im großen Vol(c)kamerschen Hesperidengarten an der Rothenburger Straße. Dann hat er 1861 Besitzer und Standort gewechselt; ab 1814 gehörte der Hammer der Familie von Forster. (Dem Franzosen Champollion gelang übrigens 1822 dank des mehrsprachigen Steins von Rosette die Entzifferung der Hieroglyphen – aber, bei Isis, Osiris und a bisserl Seth! – was steht denn jetzt da eigentlich drauf?)

Kaum sind wir am Ende von *Hammer* ein Stück geradeaus auf dem Radweg weiter ins Naturschutzgebiet *Pegnitztal Ost* vorgedrungen, werden wir zusammen mit der Markierung für den *Fränkischen Dünenweg* hoch zur *Laufamholzstraße* geschickt. Gegenüber geht's in die *Henfenfelder Straße* (Bushaltestelle der Linie 40 nach *Mögeldorf* oder *Schwaig*) und danach durch die nicht sonderlich märchenhafte *Andersenstraße*. (Hält man sich vor ihr rechts, kommt man durch die *Schupfer Straße* zur S-Bahn-Haltestelle *Laufamholz*.)

Auf einen Pfad in den Wald, unter der S1-Bahnlinie durch. Bald lichtet sich der *Lorenzer Reichswald* – wir sind neuerdings »orografisch« links der Pegnitz (d. h. in Fließrichtung gesehen), wie der Stadtteil *Sankt Lorenz* – zugunsten eines breiten Streifens für eine Doppel-Stromtrasse. Und flugs kommt die nächste Hochspannungsleitung ... und ewig rauschen die Autobahnen. Ein breiter Weg quert, eine leichte Steigung beginnt, nach rechts lockt eine Abkürzung zum Tiergarten. Wir gehen aber eisern nahe der *Bethang*-Grenzlinie weiter und biegen kurz vor dem Ende der Steigung nach rechts wellig durch Kiefernwald mit Beeren, Pilzen und Wildschweinspuren; auf früheren Sandsteinabbau wird hingewiesen. Eine weitere Stromtrasse erlaubt das Freihalten einer Heidefläche. Dabei hilft der *Fränkische Albverein* ab und zu den Reichswald-Förstern, mit denen er überhaupt in einem guten Verhältnis steht.

Bei einer ausgeprägten Wegekreuzung, an der ein großes Technikschild zum Nordic Walken informiert, kann man rechts abwärts ohne unsere Markierung die gut 200 Meter entfernte gefasste Quelle der *Buchenklinge* erreichen, die 1372 erstmals erwähnt wird und als Rastplatz für Steinbrucharbeiter und Ausflügler diente. (Von dort könnte man wieder zurück oder – einfach weiter dem Hauptweg folgend – am 70.000-Kubikmeter-Trinkwasserspeicher und dem Waldwichtelkindergarten vorbei mit gelegentlichen Wegweisern den Tiergarten erreichen.)

An Felsen vorbei, mehr oder weniger in Eintracht mit Radsportlern und Nordic Walkern, manchmal erschreckt vom Raubtiergebrüll des nahen *Tiergartens*, steigen wir hinauf zum 29 Meter hohen *Schmausenbuckturm*. Der wurde 1888 erbaut und nach alliiertem Beschuss am Kriegsende erst 1962 wiederhergestellt. Im Sommer ist er an Sonntagnachmittagen gegen Gebühr zugänglich. Daneben steht der ältere, wenig auffallende, aber anrührende Gedenkstein für den hier im Jahr 1860 verunglückten Schüler Karl Daniel Kraußer.

Der *Schmausenbuck* mit seinem Burgsandstein diente bis in die Neuzeit als Baustofflieferant. Er liegt heute im Landschaftsschutzgebiet und war bis zur Eingemeindung von *Brunn* (407 Meter) mit 390 Metern Meereshöhe die höchste Erhebung im Nürnberger Stadtgebiet. Einst hieß er *Reuhelberg*, wurde dann aber nach dem Rotbierbrauer Georg Schmaus umbenannt, der das Gelände im Jahr 1670 der Stadt abkaufte. (Brauchte der vielleicht Bierkeller?)

Über Stufen abwärts, am Zaun des Tiergartens entlang, der eine ganz eigene östliche Ausbeulung der *Bethang*-Grenze bewirkt. Durch maroden Wald weiter hinab zum Eingang.

Einblick

Am 11. Mai 1912 öffnete der Nürnberger Tiergarten am Luitpoldhain seine Pforten. Ein Besucheransturm füllte die Kassen, bald konnten mehr als 1.200 Tiere präsentiert werden. Der »neue« Tiergarten wurde im Jahr 1939 von einem gewissen A. Hitler eröffnet, eben demselben, der zuvor verfügte, dass der Zoo vom Dutzendteich weg muss, um Platz zu machen für die von ihm geschätzten Massenaufmärsche. Die Stadt beauftragte die Architekten Schmeißner und Seegy mit der Neuanlage; sie schufen einen der schönsten deutschen Landschaftszoos. Schmeißner, ab 1940 Leiter des Hochbauamtes und 1941 Hochbaureferent in der NS-Stadtverwaltung, war für den Aufbau der Stadt nach dem Krieg vorgesehen, und zwar von A. Speer (1905–1981) persönlich.

Frühere Hammer-Einkehr, mit Bierbrauer-Stern

Der war Generalbauinspektor, ab 1942 Reichsminister für Bewaffnung etc. und Herr über KZ-Häftlinge und Zwangsarbeiter. Schmeißner musste allerdings erst eine Zuchthausstrafe verbüßen, weil er die aus Wien geholten Reichskleinodien des »Heiligen Römischen Reichs Deutscher Nation« vor den siegreichen Amerikanern versteckt hielt. Die Reichsinsignien waren anno 1424 »auf ewig« von Kaiser Sigismund wegen der dicken Mauern in Nürnberg deponiert worden, wurden dann aber 1796 zum vermeintlichen Schutz vor Napoleon doch nach Wien verbracht. Viel, viel später wird Schmeißner, rehabilitiert und »geläutert«, 1949 wieder Baureferent. Er prägt den Wiederaufbau Nürnbergs entscheidend bis zu seinem Ruhestand 1970. 1971 erhält er die Bürgermedaille der Stadt Nürnberg.

Ein Stück unterhalb des Tiergarten-Eingangs liegt die Wendeschleife der Tramlinie 5, die über *Mögeldorf* (S-Bahn S1) nach *Nürnberg Hbf.* fährt. Zudem knapp neben dem Eingang Haltestellen der Buslinie 45 zur *Frankenstraße*/U1 oder nach *Ziegelstein*/U2.

Obelisken-Taube mit
Olivenzweig in Hammer

Überblick

Hier vermisst der Leser ganz bestimmt noch eine Bemerkung zur Nürnberger Wappendreiheit, in Ergänzung zum Fürther (dreiblättrigen) Kleeblatt (s. S. 36) und zum (dreiteiligen) Erlanger Wappen (s. S. 78f.): Bei Nürnberg thront über allem der gekrönte doppelköpfige Reichsadler für die Freie Reichsstadt, darunter folgen die beiden Stadtwappen: Das große mit dem Königskopfadler, der ab Mitte des 15. Jahrhunderts zu einem Jungfrauenadler mit Brüstchen mutiert; und das kleine Stadtwappen mit geteiltem Schild, halbem schwarzen Reichsadler und schräg-streifig geteiltem Feld in Rot und Silber.

Das passt schon wieder total zum Bethang-Dreiklang und kann doch absolut kein Zufall sein!

Weitere wichtige Markierungen auf dieser Etappe in der Reihenfolge ihres Auftretens:

Blaues Kreuz, »Hans-Krauß-Weg«, Nbg. Thurn-und-Taxis-Str. – Ludwigshöhe, 20 km
Gelbes Kreuz, »Beerbacher Weg«, Nbg. Thurn-und-Taxis-Str. – Schwabachtal, 18 km
Blauer Strich, Lauf – Eschenau, 31 km
Roter Ring, »Erlenstegener Rundweg«, 6 km
Böhmischer Löwe, »Goldene Straße«, Nbg. Hauptmarkt – Sulzbach-Rosenberg, 69 km (geht aber natürlich weiter bis Prag!)
Blauer Punkt, Erlenstegen – Fischbach Bf., 10 km
Gelber Strich, »Pegnitztalweg«, Erlenstegen – Behringersdorf, 6 km
Düne, »Fränkischer Dünenweg«, Rundweg, 86 km
Blauer Ring, Laufamholz – Hirschenkopf, 4 km
Blauer Strich, »Anton-Leidinger-Weg«, Tiergarten – Amberg, 70 km
Vier blaue Tupfer auf Orange (Integrationssymbol), Tiergartenrunde, barrierefrei, 3 km

8. Etappe
Vom Tiergarten nach Langwasser

Ausblick

»Wovon nur träumen in den langen Winternächten die heiligen Kühe der Trabantenstädte?« (Jan Skácel, 1922–1989, tschechischer Dichter)
Dazu haben wir vielleicht am Ende dieser Etappe ein paar Einfälle! Zuvor schöne Wege durch Wald und an Wasser, sodann durch Vororte …

Weglänge: 11,7 km, keine Steigungen
Netto-Gehzeit: knapp 3 Std., auch mit Abstecher und Muße zum Schauen
Wegverlauf: Tiergarten – Valznerweiher – Eisweiher – Fischbach – Altenfurt – Langwasser
Start: am *Tiergarten*; dorthin von *Nürnberg Hbf.* mit Tram 5; auch Buslinie 45 von *Ziegelstein*/U2 oder *Frankenstraße*/U1
Rückfahrt: von *Langwasser Süd* mit U-Bahn U1 nach *Nürnberg Hbf.*
Halte unterwegs: von *Fischbach* und *Altenfurt* (hier auch S-Bahn) Buslinien 54, 56, 57, 59 nach *Langwasser Mitte/Süd* (U1); Haltestelle *Fischbach* der S-Bahn S2/S3
Einkehrmöglichkeiten: *Roberts Biergärtla,* direkt *Am Tiergarten*; *Inselrestaurant Valznerweiher* (Tel. 09 11/40 44 24, kein Ruhetag); in *Fischbach: Gasthaus Blauer Stern,* Fischbacher Hauptstraße 160 (Montag geschl., Tel. 09 11/83 08 53); dazu ein Stehcafé; in *Altenfurt: Sportgaststätte,* Wohlauer Straße (Tel. 09 11/83 59 3, kein Ruhetag, aber nicht durchgängig geöffnet)

Der *Bethang*-Markierung von der Wendeschleife der Tram 5 weg durch Bäume folgen, vorbei (?) an *Roberts Biergärtla* an der Straße *Am Tiergarten* mit ihren grob geschätzt 1.000 Parkplätzen entlang. Die *Bingstraße* überqueren (weiter hinten sind sehr massive Altenwohnheime sichtbar) und in den Wald hinein. (Ignaz Bing war ein vielseitiger, interessanter Mann – größter Spielwarenfabrikant der Welt mit über 4.000 Beschäftigten! – und hatte noch Zeit für eine Autobiografie: *Aus meinem Leben: Erinnerungen eines Nürnberger Unternehmers und Höhlenforschers 1840–1918.* Vor allem wegen der

Entdeckung der *Binghöhle* in Streitberg ist er manchem heute noch ein Begriff.)

Einblick

Gleich rechts, in der Bingstraße, liegt die Akademie der Bildenden Künste, die als erste Kunstakademie des deutschsprachigen Raums 1662 gegründet wurde. Initiator war Jacob von Sandrart, ein Kupferstecher und Verleger, der ab 1656 in Nürnberg lebte. Nach mancherlei Wirren – auch mit einem bayerischen König – zog die Akademie 1954 in die vom weltberühmten Münchner Architekten Sep Ruf entworfene Pavillonarchitektur, die später zur ersten denkmalgeschützten Nachkriegsarchitektur Süddeutschlands erklärt wurde.

Wir erleben ein Stück eines einfallsreich gestalteten *Walderlebnispfads* sowie den *Ulmenweg* und lernen, wenn wir wollen, endlich ein »Dendrophon« spielen. Bei aller Liebe kann das nicht über den maroden Zustand des *Lorenzer Reichswalds* ringsum hinwegtrösten, den wir heute leider öfter konstatieren müssen. – Von den schön daliegenden *Valznerweihern* (dahinter, so gut wie nicht zu sehen, das »Glubb«-Gelände des 1. FCN; wohl auch mit dem weit und breit höchsten Berg – weil der Abstieg dort oft ein

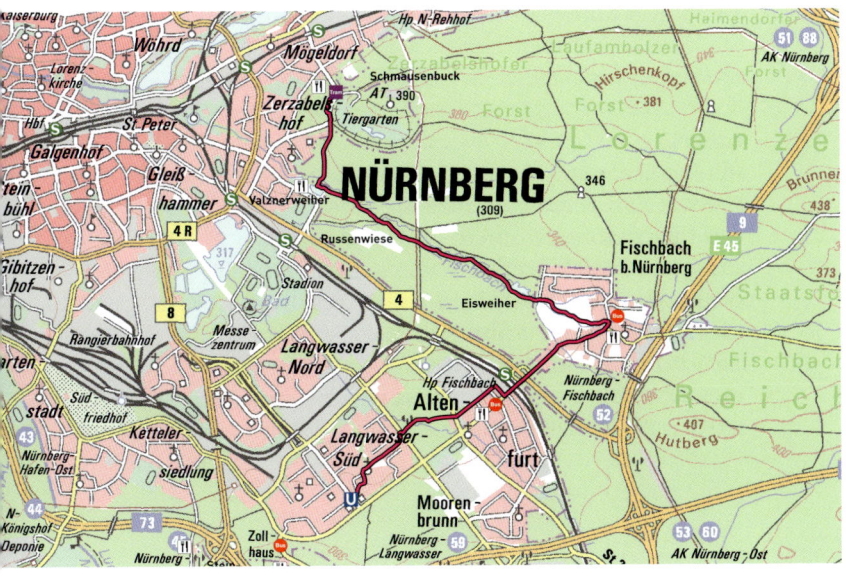

Am Valznerweiher, im Hintergrund das Restaurant

ganzes Jahr dauern soll ... ;-) schreiten wir, ein bisschen nördlich außerhalb *Bethangs,* auf *Fischbach* zu – und zwar ungefähr da, wo es in den 1930er-Jahren im Größenwahn Pläne gab, einen See für militärische Kampfübungen anzustauen. Das wäre prinzipiell wohl möglich, weil das Grundwasser hier dem Waldboden buchstäblich bis zur »Oberkante Unterlippe« steht. Wir wandern durch Feuchtgebiete mit Gräben, Bächlein und Pfützen. (So zutrauliche und vor allem schweigsame Eichelhäher wie hier haben wir nie zuvor kennengelernt.) Manchmal ist südlich kurz die *Regensburger Straße* zu sehen, an der die künstlich-schnurgerade Stadtgrenze entlanggeht.

Einblick

Zwischen uns und der Regensburger Straße verläuft der Lohengrinweg mit der »Russenwiese«. Während des Ersten Weltkriegs gab es dort ein Lager für russische Kriegsgefangene. Zur Zeit der Reichsparteitage stand hier ein riesiges Zeltlager mit 24.000 Plätzen für »Werkscharen« und »KdF-Teilnehmer«, im Zweiten Weltkrieg schließlich ein den Luftangriffen schutzlos ausgesetztes »Arbeitserziehungslager« (Straflager). Lassen wir H. M. Enzensberger, Jahrgang 1929, in Nürnberg aufgewachsen, zu Wort kommen: »Nicht die Erde hat sie verschluckt. War es die Luft? / Wie der Sand sind sie zahlreich, doch nicht zu Sand / sind sie geworden, sondern zu nichte. In Scharen / sind sie vergessen.«

Bald lädt der stattliche *Eisweiher* mit seinem menschenfreundlichen Entenvölkchen zur Rast. Winters musste früher Eis in den Bierkellern gebunkert werden, bis endlich Carl Linde 1877 den Kühlschrank erfand. Der gebürtige Oberfranke durfte sich ab 1897 zur Belohnung »Ritter von Linde« nennen.

Die Markierung führt nun wieder in genuines *Bethang*-Gebiet. Um den Gedenkstein für den Gendarmen Ludwig Weber, der hier 1917 im Dienst gemeuchelt wurde, liegt der Wald durch Borkenkäferbefall in den letzten Zügen. An der *Tiefen Brücke* wird der erst 1915 gegründete, aus guten Gründen ganz am Rand von *Fischbach* gelegene Ortsteil *Flachsröste* (hier weiter links Buslinie 56) erreicht: Flachshalme verrotten (= »rösten«!) nämlich unter ziemlichem Gestank in stehendem Wasser, wodurch sich spinnbare Fasern (Leinen) ergeben – die im Kunststoffzeitalter keinen Markt mehr haben ...

Der Wald öffnet sich, wir erreichen *Fischbach*, das am *Fischbach* liegt, und sein *Pellerschloss*, welches nach Ende des Zweiten Markgrafenkriegs von den Schmidmayers, Nürnberger Patriziern, um 1557 wiedererbaut wurde (auch hier Buslinie 56). Am besten durchqueren wir einfach den barocken Schlossvorgarten, durch den übrigens der *Fischbach* zum *Eisweiher* fließt, und biegen nach rechts zur *Fischbacher Hauptstraße* mit dem schönen *Gasthaus Zum Blauen Stern* (mit Gärtchen). Die bisher angenehmen Wege bieten ab hier leider nur härtere Gangart.

Einblick

Die uns nun länger weitergeleitende Fischbacher Hauptstraße könnte als nervig empfunden werden, hätte man vorher nicht sooo viel Natur genossen und böte sie nicht: ein profanes »poly-schuhschachteliges« Bauwerk, eine Bäckerei, eine eindrucksvolle Heilig-Geist-Kirche (1965 fertiggestellt), eine gute Eisdiele, eine weitere Gaststätte, ein vielleicht schon bald fertiggestelltes Ausstellungsgebäude »Mobile Zeitgeschichte« des Hoteliers Silberhorn sowie Bushaltestellen (Linien 56 und 59 nach Langwasser Mitte bzw. Süd/U1).

Autoverkehr gibt's reichlich, denn wie eine Nabelschnur führt unsere Straße, mit ihrem linken und rechten Rand genau die Bethang-Grenzen markierend, von Altenfurt aus in die blasenförmige, keine zwei Quadratkilometer große Fischbach-Ausstülpung, die Mitte des Jahres 1972 nach Nürnberg eingemeindet wurde.

Wo es unter der Regensburger Straße an der Haltestelle der S-Bahn beim Bahnhof Fischbach durchgeht, erkennt man rechts hinten das im Zusammenhang mit dem Aufmarschgebiet des »Reichsparteitagsgeländes« errichtete Bahnhofsgebäude. – Übrigens hat am Ende des »Tausendjährigen Reichs« eine eigens installierte Nürnberger »Schutt-Bahn« aus der Innenstadt heraus Zerbombtes bis in die Fischbacher Umgebung transportiert, zur Endlagerung ...

Mit der *Löwenberger Straße* (Buslinie 56) beginnt der Stadtteil *Altenfurt,* von dem wir aber »offiziell« mit unserer *Bethang*-Markierung nur ein paar seitliche Straßen am Gewerbegebiet durcheilen. Seit 2020 wehren sich hier ringsum Anwohner, auch Bürger aus Fischbach und Moorenbrunn, gegen ein geplantes ICE-Werk der Bahn im »Bannwald«, das bis zu 45 Hektar Reichswald fressen würde. Im Frühsommer 2022 ist noch nichts entschieden, auch andere Standorte sollen noch geprüft werden. Die wichtige Straßenverbindung *Nürnberg–Regensburg* erhielt in dieser Gegend schon ab dem 12. Jahrhundert eine mit Holzbohlen gesicherte Furt. Wir haben ja gesehen, wie stark dieser Teil des *Lorenzer Reichswalds* durchfeuchtet ist. *Altenfurt* gehörte kurz zu Preußen, nach der Übernahme durch Bayern zum Landgericht *Altdorf,* schließlich kommt es Mitte 1972 bei der Gebietsreform zu *Nürnberg.*

Unsere Wegführung durch die *Grünberger* und die *Wohlauer Straße* weicht um einiges von der *Bethang*-Grenzlinie ab, die um

Der Eisweiher von Fischbach

Gedenkstein für den erschossenen Gendarmen in Nähe Flachsröste

Moorenbrunn herum östlich und künstlich, wie mit dem Lineal gezogen, an großen Straßen entlang verläuft. – Wir kommen zur *Oelser Straße*, in der Nähe einer *Sportgaststätte* mit Biergärtchen. Die Markierung leitet gerade hinüber in den Wald. (*Wohlau* und *Oels* sind deutsche Namen niederschlesischer/mährischer Städte.)

Doch es wartet hier ein fast obligatorisch zu nennender Abstecher!

Hinschauen!

200 Meter weiter, bei der nächsten Abzweigung von der *Liegnitzer Straße* nach Südosten, betrieb *Enver Simsek* einen Blumenstand. Rassisten, Neonazis, ermordeten ihn dort im September 2000. Der Ort erhielt 2020 den Namen »Enver-Simsek-Platz«. Weitere Nürnberger NSU-Opfer: 2005 Ismail Yasar (eine Grünanlage in *Gleißhammer* trägt seinen Namen), 2001 Abdurrahim Özüdogru (ein geeignetes Gedenken wird noch beraten).

Umblick

Unbedingt lohnt sich bei Erreichen der Oelser Straße ein Abstecher 150 Meter nach links, an einem Hotel vorbei, zur nächsten Kreuzung. Jenseits derselben wartet im idyllischen Park, gleich neben dem Scheurl'schen Schlösschen, das Schmuckstück der Altenfurter Rundkapelle. Der in die Zeit um 1150 datierte, weit und breit einzigartige romanische Sandsteinbau ist innen wie außen von einem besonderen

Zu sehen z. B. ... in Fischbach (prosaisches Gegenstück zu S. 109)

Fluidum umgeben. Die einstige Bedeutung gibt Rätsel auf; ähnliche Bauwerke finden sich erst wieder in Böhmen und Österreich. Konrad Bedal vermutet in seinem Buch »Dorfkirchen in Franken« einen Zusammenhang mit den Kreuzzügen.
Ab Mitte des 15. Jahrhunderts befand sich im Scheurl'schen Schlösschen, das von 1787 an Besitz der Freiherren von Scheurl war, eine Unterkunft für Pilger. 1950 erwarb es die katholische Kirchengemeinde St. Sebald.

Auf schönem Waldweg nach Westen gehend treffen wir, nach einer Warnung vor Überschwemmungen, auf den *Langwassergraben,* den Namensgeber der Trabantenstadt, in die wir gleich im gewöhnlichsten Wortsinn »einwandern« werden. (Unter einer *Trabantenstadt* versteht man meist eine relativ selbstständige Siedlung mit eigener Infrastruktur, jedoch in der Umgebung einer deutlich größeren Stadt. Sie soll nicht, wie eine *Satellitenstadt,* bloße Wohnfunktion aufweisen. Vergleichbar sind in *München Hasenbergl* und *Neuperlach.*)

Langwasser erreichen wir gegenüber der Einmündung der *Jauerstraße* an der schnurgeraden *Gleiwitzer Straße.*

Einblick
Die Straßennamen sind verständlich, weil in und um Langwasser in den Nachkriegsjahren viele aus Schlesien und den Sudeten geflüchtete oder vertriebene Familien notdürftig angesiedelt wurden. (Bei »Gleiwitzer Straße« muss man

trotzdem an die verlogene Attacke der Nazis auf den Sender Gleiwitz und den provozierten Ausbruch des Zweiten Weltkriegs denken.) Bis 1947 wollten die siegreichen Amerikaner im Internierungslager Langwasser ehemalige Mitglieder der Waffen-SS »entnazifizieren« – eine unter psychologischen Gesichtspunkten fragwürdig anmutende Absicht.

Vorher war hier im Krieg ein großes Gefangenenlager. Die unmenschliche Behandlung, besonders der sowjetischen Kriegsgefangenen, bezeugen Massengräber im Südfriedhof. Und wiederum davor, vor Kriegsbeginn, sammelten sich in Zeltstädten zu Abertausenden die begeisterten Teilnehmer der Reichsparteitage, die ihr Scherflein beitrugen, dass es zu den Gefangenen, den Geflüchteten, den Vertriebenen, den zu Entnazifizierenden, zu Leid, Elend und Not überhaupt kommen konnte. Der »Reichsparteitag des Friedens« sollte am 2. September 1939 beginnen, wurde aber wegen des deutschen Überfalls auf Polen abgeblasen.

In Nähe der Bushaltestellen bei der Mündung der *Jauerstraße* – *Jawor/Jauer* ist eine Stadt in der polnischen Woiwodschaft Nie-

Zu sehen in Fischbach

derschlesien – führt ein Fußweg links zu dezenten Wohngebieten im Grünen hinein. Hier steht eine wichtige Informationstafel zur Entwicklung *Langwassers*, vor einem bedeutungsvoll wirkenden Carré, das lediglich eine Garagen-Camouflage ist. Auf einem Asphaltstreifen lotst man uns dann um die gigantische *Heiligste-Dreifaltigkeit-Kirche* herum, die Ähnlichkeit mit übergroßen Silos aufweist und deren Baubeginn gezielt mit der Eröffnung des *Zweiten Vatikanischen Konzils* 1962 zusammenfällt. Linkshaltend vorbei an Wohnblöcken der *Giesbertsstraße* – Johannes Giesberts, Gewerkschafter und Politiker, 1919 der erste deutsche Postminister – passieren wir die urtümlich, wie ein mächtiges Fossil aufragende *Allegorie des Wassers III*, ein Kunstwerk aus schwebendem Stein, geschaffen von einem japanischen Bildhauerteam beim »Symposion Urbanum 1971«. Ein paar Schritte weiter steht nochmals bunte, auflockernde Kunst.

Umblick

Der österreichische Bildhauer Karl Prantl (1928–2010) hatte anlässlich Dürers 500. Geburtstag den Anstoß zur Aufstellung moderner Skulpturen im Nürnberger Stadtgebiet gegeben. Obwohl der größte Teil der anfallenden Kosten durch Mäzene gedeckt wurde, sorgte das für Furore und sogar für handgreiflichen Widerstand. Die Zeitungen NN und NZ berichten, dass Kunstwerke mit Steinen beworfen wurden, eines sogar beschossen, und der »Wegweiser« oder »Nürnberger Finger« wenige Wochen nach der Aufstellung beim Flughafen gänzlich zerstört wurde.

Heiligste-Dreifaltigkeit-Kirche, Langwasser

In der Imbuschstraße 1 (wo wohl der Name herkommt?) gibt es seit 1998 das »Haus der Heimat«, mit Tradition, Kultur und Brauchtum der Landsmannschaften aus den Siedlungsgebieten Deutscher in Mittel- und Osteuropa, heißt es. – Vielleicht ist die Annäherung an Heimat am besten »ex negativo« möglich? Am Heimatbegriff hat sich ja schon gar mancher abgearbeitet, auch wenn er offenbar für Millionen von Menschen ziemlich fraglos klar zu sein scheint ...

Gebremst von einer Batterie aus Wohntürmen gelangen wir, zum Bersten angefüllt mit den ungeheuren Eindrücken dieser Etappe, schließlich zum Endhaltepunkt *Langwasser Süd* der U-Bahn U1 an der *Glogauer Straße* (auch Bushaltestelle). So manche Struktur psychischer oder architektonischer Art hat sich uns vielleicht enthüllt; es mag uns gefallen haben oder nicht ...

Einblick

Nach einem Architekturwettbewerb, den der Nürnberger Architekt Franz Reichel gewann, erfolgte ab 1957 der systematische Ausbau von Langwasser, der in den 1990er-Jahren abgeschlossen wurde. Der gestalterische Grundgedanke des geplanten Stadtteils beruhte auf der Schaffung von Nachbarschaften mit verschiedenen Bautypen, die durch breite Grüngürtel voneinander getrennt sind. Es war damals das größte Stadterweiterungs-Programm in der Bundesrepublik. Heute leben in Langwasser rund 35.000 Menschen.

Impulse setzte dabei Dr. Andreas Urschlechter (1919–2011). 1957 wird der SPD-Kandidat (er verlässt die Partei 1982) jüngstes Stadtoberhaupt der Bundesrepublik; er blieb 30 Jahre im Amt. Die Symbolfigur des lokalen Wiederaufbaus war 1944 als Gerichtsreferendar der NSDAP beigetreten. Solche »Anpassungen« der Karriere wegen kennt man auch von Baureferent Schmeißner (vgl. 7. Etappe, s. S. 99f.) sowie von O. M. Schmitt, Akademie-Präsident von 1957 bis 1968, Träger des Bayerischen Verdienstordens; beide ab 1937 »Parteimitglieder«.

»manche meinen, lechts und rinks kann man nicht velwechsern. werch ein illtum!« (Ernst Jandl)

Weitere wichtige Markierungen auf dieser Etappe in der Reihenfolge ihres Auftretens:

Vier blaue Tupfer auf Orange (Integrationssymbol), Tiergartenrunde, barrierefrei, 3 km
Blaues Kreuz, »Reichswaldweg«, Valznerweiher – Altdorf, 20 km
Blauer Punkt, Erlenstegen – Fischbach Bf., 11 km
Roter Punkt, »Christian-Wösch-Weg«, Ottensoos – Fischbach Bf., 23 km
Grüner Punkt, Langwasser – Pillenreuth, 8 km
Grüner Strich, Langwasser – Feucht, 8 km

9. Etappe
Von Langwasser nach Katzwang

Ausblick

Überwiegend bequeme Wege; Wald, Wirtshäuser und zwei sehr unterschiedliche Kanäle. Dazu wertvolle Kultur nebst Hinweisen auf technische und politische Katastrophen.

Weglänge: 15,8 km, nur eine nennenswerte Steigung
Netto-Gehzeit: 4 Std., plus Zeit für Wirtshaus-, Wasser- und sonstige Kultur
Wegverlauf: Langwasser – Zollhaus – Steinbrüchlein – Kornburg – Greuth – Katzwang
Start: in *Langwasser*, Endhaltestelle *Langwasser-Süd*/U1
Rückfahrt: von *Katzwang* mit der S-Bahn S2 nach *Nürnberg Hbf.*
Halte unterwegs: von *Zollhaus* Bus 602 und andere; Nähe *Steinbrüchlein* Bus 52 nach *Langwasser-Mitte*/U1 sowie Linien 92, 93 nach *Katzwang/Kornburg*; von *Kornburg* Bus 51, 91, 65 nach *Frankenstraße*/U1; von *Katzwang* Bus 52, 62 nach *Langwasser* bzw. *Röthenbach*/U2
Einkehrmöglichkeiten: *Gaststätte Zollhaus* (Tel. 09 11/9 80 80 89), *Am Steinbrüchlein* (Tel. 09 11/48 09 40 00); in *Kornburg*: Gasthäuser *Bei Michael* (mit Biergarten, Tel. 0 91 29/88 25), *Weißes Lamm* (Donnerstagnachmittag und Freitag geschl., Tel. 0 91 29/2 81 60 oder 28 16 36), *Grüner Baum* (Garten, Montag, Dienstag geschl., Tel. 0 91 29/50 60); in *Katzwang* nahe am Weg *Gasthof Saloniki* (meist ab 17 Uhr, Tel. 0 91 22/7 66 88) und *Gasthof Schmidt* (Montag, Dienstag geschl., Tel. 0 91 22/7 73 17), nahe beim S-Bf. *Zum Rednitzgrund* (Montag geschl., Tel. 0 91 22/7 74 33)

Vom Ausgang der U-Bahn in *Langwasser-Süd* leitet uns die *Bethang*-Markierung auf bescheidenem Pfad am großen Parkplatz entlang zur *Liegnitzer Straße*. Dort rechts, bei der nächsten Ampel dann hinüber in einen schönen Waldweg. Ein Spaziergang durch den *Lorenzer Reichswald*, ziemlich exakt auf der *Bethang*-Grenze, führt zur *Gaststätte Zollhaus* mit Pizzeria und

Biergarten. Da gab's bis 1806 eine markgräflich-ansbachische Zollstation, und gleich hier beginnt bis heute der Landkreis *Roth*. (Etwas nach links Busse nach *Langwasser Mitte*/U1.)

Rückblick

Infolge der »Abwicklung« des Heiligen Römischen Reiches Deutscher Nation durch den »Reichsdeputationshauptschluss« dankt Kaiser Franz II. 1806 ab, die Freie Reichsstadt verliert damit ihren Oberherrn. General Frère hat bereits im Namen Maximilians I. von Bayern mit der französischen Armee Nürnberg besetzt. Der Nürnberger Buchhändler Johann Philipp Palm, der zum Widerstand aufruft, wird denunziert und in Braunau am Inn hingerichtet. Am 15. September 1806 übergibt der französische Beauftragte Nürnberg offiziell an das neu gegründete Königreich Bayern. Aus Angst vor Unruhen bleiben Einheiten der bayerischen Armee noch längere Zeit in der Stadt.

Wir überqueren vorsichtig die Straße und gehen am *Zollhauspark* vorbei in den Wald. Der bisher nur summende Motorenlärm legt zu, die *Anschlussstelle Nürnberg Zollhaus* erscheint in ausladendem »Autobahn-Barock des frühen 21. Jahrhunderts«.

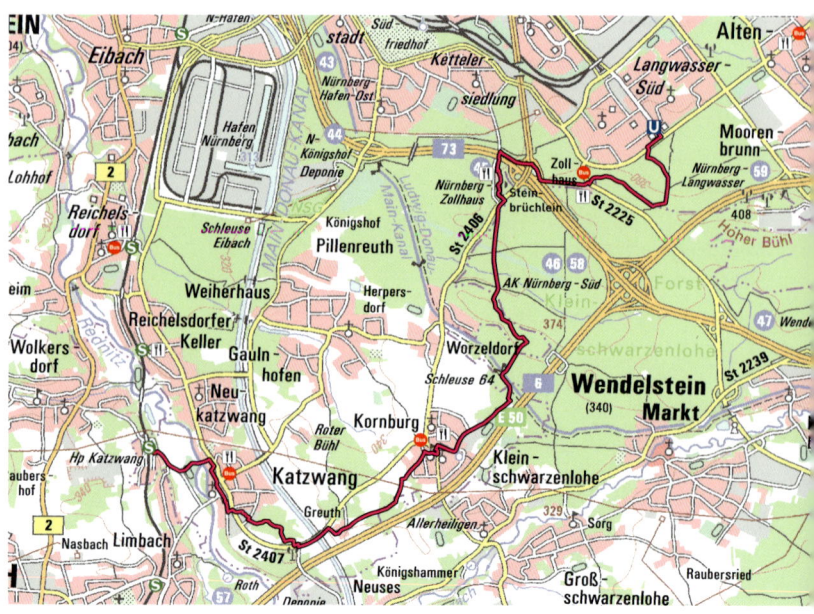

Das »Steinbrüchlein«

Wem hier nicht mulmig wird, fürchtet sich vor nichts oder ist wohl ziemlich desensibilisiert ...

Wir überwinden das Gekröse, indem wir in einigem Abstand zweimal unter den Fahrbahnen »durchtauchen«. Dann ist flugs das hübsche *Steinbrüchlein* mit seiner originellen Wirtschaft nebst Biergarten erreicht. Urkundlich 1302 erstmals erwähnt, 1640 für die Steinbrucharbeiter ausgebaut, nahm es gewaltigen Aufschwung während der Bauzeit des *Ludwigskanals*. Und es soll angeblich Wanderer geben, denen bei der Einkehr der vielfach modifizierbare Spruch »*Im dunklstn Wertshaus is schenner wie aufm hellstn Wanderweg!*« in den Sinn kommt.

Sowohl das *Zollhaus* als auch das *Steinbrüchlein* wurden erst 1978 nach Nürnberg eingemeindet.

Unser Pfad tangiert romantisch-idyllische Felsen und führt am Parkplatz, wo die Markierung *Grünpunkt* nach links abzweigt, geradeaus unter der *Schwanstetter Straße* durch. (Rechts oben hinter bzw. vor dem Tunnel liegen Bushaltestellen der Linie 52.) Ziemlich gerade durch den noch (hoffentlich noch) schönen Wald, nach einer Gartenkolonie das Bächlein des *Ottergrabens* querend. Die Stadtgrenze zipfelt hier östlich aus. Wir steigen an kleinen Schluchten zum *Glasersberg* an. Von dort abwärts (wir stießen beim letzten Besuch dabei auf gewaltige Wildschwein-Umpflügungen) zum beschaulichen und bei Ausflüglern aller Art beliebten *Ludwig-Donau-Main-Kanal.*

Rückblick

Bei einer schönen Steinbrücke (einer von zig längs des Kanals, mit Wärterhäuschen) kommen wir zum einstigen Betriebsgebäude der Schleuse 64. Am 6. Mai 1843 legten zur Einweihung des Kanals festlich geschmückte Schiffe in Bamberg nach Nürnberg ab, und zwar unter Kanonendonner! Im südlichen Abschnitt dauerten die Arbeiten noch bis 1845, insgesamt länger als zehn Jahre. Anfangs waren 3.000 Arbeiter beschäftigt, später zeitweise bis zu 9.000, auch aus Italien angeworbene. Die neue Eisenbahn war von Anfang an eine starke Konkurrenz; 1950 kam für den nie wirklich rentablen Wasserweg mit 100 Schleusen und 172,4 Kilometern Länge das kommerzielle Aus.

Hier kreuzen Wander- und Radwege (z. B. *Jakobswege* nach *Konstanz* bzw. *Eichstätt*). In Kanal-, dann in Autobahnnähe, wo wir künstliche Weiher und Infotafeln zum »Sand-Rundweg« vorfinden, erreichen wir die *Kornburger* Sportstätten mit dem *Gasthaus Bei Michael*. Der weit vorne auftauchende *Kornburger* Kirchturm zieht uns hinan, denn in seinem Umfeld befinden sich sage und schreibe zwei Gasthäuser sowie zwei Bäckereien/Cafés, zudem Bushaltestellen der Linien 51 und 62 nach Röthenbach/U2 bzw. Frankenstraße/U1.

Am Alten Kanal vor Kornburg

Einblick

Kornburg wird 1236 erstmals urkundlich erwähnt. In den nahen Steinbrüchen wurden, nochmals mehr als 400 Jahre früher, in karolingischer Zeit Mühlsteine gebrochen – der mittelhochdeutsche Name dafür ist »kurn/kürne«! Die Burg entstand um 1288. Während der Markgrafenkriege wurde Kornburg schwer beschädigt, im Dreißigjährigen Krieg durch Wallensteins Truppen zerstört, die Bevölkerung nahezu ausgelöscht. Es fiel 1806 an Bayern, 1972 an Nürnberg. Bürgermeister Friedrich Meßthaler ließ 1945 befehlswidrig, aber vernünftig und heldenhaft – es war lebensgefährlich! – die Panzersperren beseitigen und übergab den Ort unzerstört den US-Truppen. Man kommt ins Spekulieren, weshalb ihm offenbar keine Straße gewidmet ist. Die Straße an der spätbarocken Kirche St. Nikolaus wurde 1974 nach Thomas Venatorius benannt, dem Nürnberger Humanisten und Reformator. In ihr liegen das alte Ortsgefängnis mit der »Amtsknechtswohnung« sowie der Gasthof Grüner Baum. Die im brandenburgisch-ansbachischen Markgrafenstil gestaltete Kirche mit einer Gedenksäule in der Nähe lohnt einen Besuch. Der Kanzelaltar stellt reformatorisch die Predigt in den Mittelpunkt des Gottesdienstes, und es gibt eine eigenartige, großfigurige Krippe.

Kornburger Wappen an Hauswand

Main-Donau-Kanal zwischen Greuth und Katzwang

Vorbei am Schlösschen mit dem einstigen Wassergraben (heute mit Ferienwohnungen, www.schloss-kornburg.de) verlassen wir durch Straßen italienischen Zungenschlags den Ort bei den *Schwedenkreuzen*, die vermutlich aus dem späten Mittelalter stammen.

Unter der Stromtrasse durch und bei mittelschwerer Beschallung auf die Autobahn zu; sie verkörpert in etwa die *Bethang*-Grenze. Durch Feld und Wald, an Infotafeln vom *Bund Naturschutz* vorbei, kommen wir ins winzige *Greuth*, den allersüdlichsten *Bethang*-Ort überhaupt. Hinter dem Örtchen, dem man einen Lärmschutzwall gegönnt hat, liegt die Bushaltestelle der Linie 62 nach *Katzwang-Röthenbach*/U2. Der *Main-Donau-Kanal* mit seinem wenig durch Schifffahrt strapazierten Wasser wird gekreuzt. Nur einen guten Kilometer wäre es von hier nach Süden zur *Schwarzach*! Wenig später überqueren wir bei der *Hirschenholzstraße* die *Neuseser Straße*. Danach führen ein bisschen enge und dadurch unbequeme Waldpfade zum Ortsrand von *Katzwang*.

Der alte Ortsteil von *Katzwang* wird 1152 urkundlich erwähnt, zwecks Absicherung einer wichtigen Furt. Im Dreißigjährigen Krieg wird der ganze Ort schwer verwüstet. 1803 fällt *Katzwang* kurz ans Königreich Preußen, dann ans ganz neue Königreich Bayern. *Kornburg, Greuth* und *Katzwang* werden alle 1972 nach

Nürnberg eingemeindet. Zum Namen *Katzwang* gibt es ziemlich viele nicht so recht überzeugende Deutungsversuche, weshalb dazu geschwiegen werden soll. (Da lobt man sich *Greuth* – von Rodung, gerodet!) Am Ortsrand folgen Schleichwege zur *Neu-seser Straße* (Bushaltestelle *Hugo-Wolf-Straße*, Linien 52, 62 nach *Röthenbach*/U2). Sträßchen geleiten zum *Bürgeramt* in der *Hans-Traut-Straße*.

Katzwang wurde vom Kanalwasser heftig strapaziert: Am 29. März 1979 brach der Damm. Ein teilgefluteter, zwei Kilometer langer Abschnitt lief aus, 800 Millionen Liter Wasser verwandelten Straßen in reißende Flüsse. Fassaden und Giebel unterspülter Häuser brachen weg, die 700 Jahre alte Kirche *Unserer Lieben Frauen* stand im einen Meter hohen Wasser. Ein zwölfjähriges Mädchen ertrank, es gab acht Verletzte und circa 20 Millionen D-Mark Schaden.

Einblick

Am »Bürger- und Standesamt« in der 1979 überfluteten Hans-Traut-Straße (mit Restaurant »Saloniki«), benannt nach dem Schöpfer der Bildtafeln von 1498 am Marienaltar der Kirche – ein Konkurrent Michael Wolgemuts, des Dürer-Lehrmeisters! –, wartet ein fast obligatorischer Abstecher: Die Treppe hinunter zum Kirchenensemble mit Karner, Pfarr- und Schulhaus, Wegkreuz und Martersäule. Die ältesten Teile der Wehrkirche gehen auf den Übergang von der Romanik zur Frühgotik Ende des 13. Jahrhunderts zurück. Zur selben Zeit entstand eine erste Rednitzbrücke. Darstellungen des riesengroßen Heiligen Christophorus verweisen auf diesen Zusammenhang: Der Schutzheilige bewahrt vor plötzlichem, unvorbereitetem Tod. Das war wichtig für Fährleute und Reisende; viel später noch für (katholische) Autofahrer.– Im Markgrafenkrieg zwischen Achilles und Nürnberg lag Katzwang 1449 im Kampfgebiet. Ums Jahr 1500 wird die Kirche durch Ausbau der Sakristei und Turmerhöhung erweitert und erhält ihre wertvolle Ausstattung (Altäre, ein Sakramentshaus nach dem Vorbild der Lorenzkirche, ein Kruzifix von Veit Wirsberger). 1528 Durchführung der Reformation in der Markgrafschaft Ansbach. Leider ist die Kirche trotz gegenteiliger Beteuerungen oft verschlossen (Ev.-luth. Pfarramt Katzwang, Rennmühlstraße 18, 90455 Nürnberg, Mo–Fr 9–12 Uhr, Tel. 0 91 22/7 70 43).

Nach unserem Abstecher gehen wir durch die Rennmühlstraße am Gasthaus Schmidt vorbei wieder hoch zur Bethang-Markierung.

Bei einem Bäckerei-Café werden wir abwärts gewiesen, bis man auf eindrucksvolle alte Sandsteingebäude trifft, die zu einer Hammermühle aus dem 18. Jahrhundert gehören. Man schickt uns hoch zur *Katzwanger Hauptstraße* (Buslinie 62, Haltestelle *Weiherhauser Straße*), wo unser markierter Fußweg in die *Ellwanger Straße* abzweigt. Es geht über die mit natürlicher Schönheit geschmückte *Rednitz*, die ungeziert ein Stauwehr und eine Insel vorzeigt, zum Sportplatz mit der *Gaststätte Zum Rednitzgrund*. Dort kann man die nach rechts in den Talgrund biegende Markierung des *Bethang*-Rundwegs verlassen. Geradeaus kommt man nämlich auf einem ebenfalls markierten Stichweg bzw. Zubringer durch die Allee der *Wolkersdorfer Straße* in einigen Minuten zum *S-Bf. Katzwang*. Am Wochenende und nur mit großem Pech muss man dort 40 Minuten auf den Zug warten.

Südportal der Kirche
»Unserer Lieben Frauen«
in Katzwang

Die Rednitz bei Katzwang

Umblick

»Die große Stadt, drei Tagereisen groß. Als er eine Tagereise weit gekommen war ...«

Ist da etwa Bethang gemeint? Nein! Das steht im »Buch Jona« des Alten Testaments. Es geht ums assyrische Ninive, das (angeblich) einen Durchmesser von hundert Kilometern hatte. Dank des widerwillig wirkenden »Wal-Propheten« Jona wurde es von Gott nicht zerstört, weil es – wider Erwarten – bußfertig war. Nürnberg mit seinen falschen und gewiss nicht gottgesandten Propheten erging es wesentlich schlechter: Mehrere Bombenhagel mit über 6.000 Todesopfern zwischen August 1942 und April 1945 vernichteten die Stadt, danach wurde sie zum ersten Mal in der fast tausendjährigen Stadtgeschichte zerschossen und erobert, nämlich von der US-Armee an fünf Tagen bis zum 20. April 1945. (Karsten Neumann, der Erfinder von Bethang, arbeitet in seiner Biografie und bei der Datierung seiner Werke mit einer neuen Zeitrechnung: Bei ihm beginnt das Jahr 1 am 9. Mai 1945 des Gregorianischen Kalenders. Am 8. Mai endete bekanntlich in unserer Gegend der Krieg.)

Nürnberg ist übrigens die »größere« Stadt: Ninive hatte laut Bibel 120.000 Einwohner, scheint also recht in die Breite gebaut gewesen zu sein ...

Weitere wichtige Markierungen auf dieser Etappe in der Reihenfolge ihres Auftretens:

Grüner Punkt, Langwasser – Pillenreuth, 8 km
Grüner Strich, Langwasser – Feucht, 8 km
N/A auf blauem Spiegel, »Nürnberg-Altmühltalweg«, Langwasser Mitte – Kinding, 80 km
Gelber Strich, »Dr.-Richard-Sauber-Weg«, Südfriedhof – Rednitzhembach, 25 km
Jakobsmuschel, ostbayerischer Jakobsweg Ensdorf – Stein-Deutenbach, 98 km
Blauer Strich, »Dr.-Fritz-Linnert-Weg«, Finkenbrunn – Dinkelsbühl, 139 km
Muschel, Jakobsweg Nürnberg–Konstanz, Jakobsknoten – Nördlingen, 125 km
Strahlenmuschel, Jakobsweg Nürnberg–Eichstätt, Nbg. Finkenbrunn – Eichstätt, 83 km
Rotes Kreuz, »Deininger Weg«, Südfriedhof – Deining, 64 km
Rote 1, Zielweg, Kornburg – Leerstetten – Neuses, 10 km

10. Etappe
Von Katzwang nach
Schloss Stein/Nürnberg Stadtgrenze

Ausblick

Diese kurze (Schluss-)Etappe kredenzt ohne größere Mühen durchgehend gefällige Wegstücke an der Rednitz vor bunten Silhouetten.

Weglänge: 10,2 km, kaum Steigungen
Netto-Gehzeit: etwas unter 3 Std., plus kleine Abstecher
Wegverlauf: Katzwang – Rednitzgrund – Reichelsdorf – Deutenbach – Stein
Start: in *Katzwang*; dorthin z. B. mit der S-Bahn S2 von *Nürnberg Hbf.*
Rückfahrt: möglich in *Stein* von der Bushaltestelle *Stein Kirche* (Linien 63/64 nach *Röthenbach*/U2); schöner: den markierten 500-Meter-Stichweg zum *Schloss* nehmen (s. 1. Etappe, S. 28); dort Linien 63/64 nach *Röthenbach*/U2 und 67 nach *Fürth Hbf.* bzw. *Frankenstraße*/U1; oder von *Stein* 1,5 km weiter (vgl. 1. Etappe) zur S-Bahn S4 in *Unterasbach*
Halte unterwegs: S-Bf. *Reichelsdorfer Keller*/S2, in *Reichelsdorf* Buslinie 61 nach *Schwabach* oder *Röthenbach*/U2
Einkehrmöglichkeiten: zwei Sportgaststätten (Montag geschl., oft erst nachmittags geöffnet): *Zum Rednitzgrund* in *Katzwang* (Tel. 0 91 22/7 74 33) sowie *TSV Wolkersdorf* in Nähe *Bf. Reichelsdorfer Keller* (Tel. 09 11/96 46 49 37); in *Reichelsdorf*: *Brandenburger Wirtshaus* (anfragen, Tel. 09 11/63 62 55); vielfach gelobt wird *Winzerhof Weinstuben* in Nähe *Gerasmühle* (oft erst ab 16 Uhr, Tel. 09 11/63 79 74); »Schlusseinkehr« vielfältig möglich in *Stein*

Auf der Ostseite des S-Bahnhofs *Katzwang* führt die *Bethang*-Markierung als Stichweg bzw. Zubringer durch die Allee an der *Wolkersdorfer Straße* in Richtung *Katzwang*. Bei den nahen Sportplätzen, noch vor der Gaststätte, treffen wir auf den *Bethang*-Rundweg. Dort scharf links einbiegen und auf einer geschotterten Fuhre ins Wiesengelände.

Geradeaus, weder links noch rechts abirrend, halten wir auf die weit vorne sichtbare Eisenbahnbrücke zu. Wir spazieren über Wässerwiesen, auf die der Bauer mittels Staubrettern, sogenannten Schützen, Wasser aus Fluss oder Bach ausleiten darf. Die Wässerwiesen im Raum Eibach stehen seit kurzem auf der deutschen Liste des »Immateriellen Kulturerbes«. Zur entsprechenden Zeit findet man hier deshalb schöne Flora vor. Rechter Hand spitzt *Neukatzwang* über die Baumwipfel, dem man die Berechtigung seiner Namensvorsilbe aus der Ferne am Baustil ansehen kann. Wir betreten *Schwabacher* Gebiet, nehmen einen Wiesenweg an einem Wassergraben entlang und halten schließlich, den Graben überquerend, im Linksbogen auf einen Schilfgürtel zu. Dort bildet der *Weihergraben* den versteckten *Katzwanger See*, ein geschütztes Vogelbrut- und doch auch Badegebiet. Dann gehen wir sowohl unter der neuen, grazilen S-Bahn-Brücke als auch unter der massiven, alten US-Bahnbrücke durch, die 1948 unter Capt. Thomas J. Benesch von der damaligen Besatzungsmacht erbaut wurde, wie wir per Inschrift erfahren.

Wir sind beim *Hühnerbühl* angelangt, mitten in einem artenreichen Feuchtgebiet. Bei der folgenden Einmündung nach rechts über einen Parkplatz mit Infotafeln zur Libelle. Volle 18 Arten

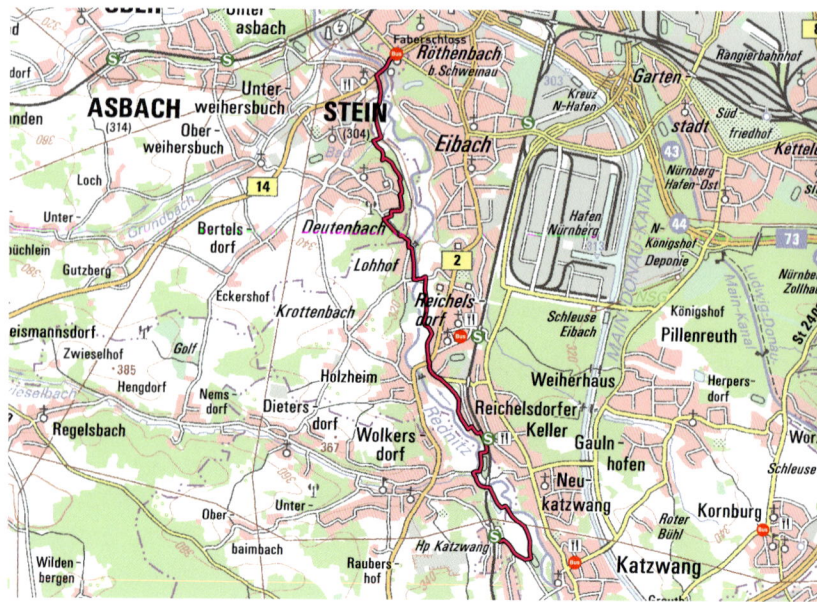

Wiesenweg im Rednitzgrund bei Katzwang

von Libellen sollen auf dem eben durchschrittenen Wegstück zu Hause sein! Weiter auf einem Steg über die *Rednitz*. Ab der Gaststätte des *TSV Wolkersdorf* führt die *Bethang*-Markierung kurz am Fluss entlang. Auf Asphalt passieren wir den S-Bahnhof *Reichelsdorfer Keller* und sind aus *Schwabach* wieder zurück in *BEthang*. (Wir möchten wegen dieses Häppchens Schwabach nicht gleich von »SENF« – Schwabach-Erlangen-Nürnberg-Fürth – sprechen, so sehr das mehrdeutige Akronym auch lockt.)

Beim *Steinhauserweg* geht's sofort links hinein und vor der Hausnummer 105 scharf links zu den *Rednitzwiesen*, wo es wertvollen Sandmagerrasen gibt. Am rechten Saum der Feuchtwiesen geradeaus ins Landschaftsschutzgebiet, zum Schluss 200 Meter durch die Wiese bis zu den ersten Häusern von *Reichelsdorf*. In der *Schalkhaußerstraße* ist, ein wenig nach hinten versetzt, das *Schlösslein* aus dem späten 17. Jahrhundert zu sehen, mit Satteldach, Zwerchgiebel und Portal, einst dem Patriziergeschlecht der sehr betuchten *Waldstromer* zu eigen. Sie besaßen unter anderem von 1336 bis 1547 die ganze Ortschaft und den Herrensitz *Reichelsdorf*. Im Jahr 1922 wurde *Reichelsdorf* nach *Nürnberg* eingemeindet. Bei der Mündung in die *Reichelsdorfer Hauptstraße* beginnt genau gegenüber die *Reichelsdorfer Schulgasse*, durch die wir später gehen. Wir werden aber vorsichtig im Rechtsschwenk gelotst. Dabei warten die Event-Gaststätte *Brandenburger Wirtshaus* (Biergarten) sowie Bushaltestellen (Linie 61) auf uns.

Einblick

Wir könnten an der Reichelsdorfer Hauptstraße einen kurzen, wegen des Ausblicks lohnenden Abstecher nach links zur Thomas-Kolb-Brücke machen: Sie ist 178 Meter lang, wurde im Jahr 1966 (neu) eröffnet und heißt nach einem SPD-Gemeinderat, der vor und nach der Nazizeit tätig war und u. a. für den ersten Linienbus Deutschlands – von Schweinau nach Mühlhof – mitverantwortlich zeichnet. Von »seiner« Brücke aus sehen wir überdeutlich den 1980 fertiggestellten Fernmeldeturm mit vollen 297 Metern Höhe, das höchste Bauwerk Bayerns, auch »Nürnberger Ei« genannt. Warum? Einfach genau anschauen! Der Architekt hieß allerdings nur beinah Henlein wie der berühmte Uhrmacher. Sein Name war Heinle, und er lebte rund 450 Jahre später …

Zudem prangen die mächtigen Ausstülpungen des Einsteinrings vor uns, der in den 1970er-Jahren gebaut wurde. Der 1955 verstorbene, mutmaßliche Namenspatron Albert Einstein konnte sich nicht mehr dagegen wehren. Er hätte womöglich »Edison-Ring« als treffender empfunden, denn nebst der ehedem beliebten Glühbirne und dem irgendwie umstrittenen elektrischen Stuhl hat Thomas Alva Edison die bis heute effizienteste Herstellungsweise für große Mengen Beton entwickelt.

Tafel an der Bahnbrücke

Wir biegen jedenfalls in die *Reichelsdorfer Schulgasse* ein und steuern im Landschaftsschutzgebiet, ein erträgliches Stück auf Asphaltwegen, in Richtung des fernen Fernmeldeturms. Die Stadtgrenze schwingt hier an die zwei Kilometer gen Westen aus, läuft also weit links von uns. Das alte Grabensystem der Wässerwiesen, die wir an *Rednitz* und *Regnitz* immer wieder vorfinden, nutzt und gefällt dem noch aktiven Bauern mit seinen alten Wasserrechten – es ist nämlich keineswegs so, dass man aus Gewässern nach Belieben Wasser entnehmen oder gar regelrecht ausleiten dürfte! Auch viele Tiere vor Ort, besonders die Störche, sind angetan. (Nebst der uns rechts begleitenden bunten Bebauung erlebten wir ein Bussardpaar und einen sich von ihm gestört fühlenden angriffslustigen Falken.)

Die *Koppenhofer Straße* führt uns zu einer Brücke, hinter ihr geht es sofort zwischen Fluss und *Lohhof* entlang. Der Name verweist auf die Gewinnung oder Verwendung von Eichen- und

Die Bahnbrücken im Rednitzgrund
bei Katzwang

Wässerwiesen bei Reichelsdorf, Blickrichtung Eibach

Fichtenrinde, die »Gerberlohe« hieß, weil sie gemahlen und mit Wasser versetzt zum Gerben von Leder geeignet war. Die *Rednitz* fließt breit zum rauschenden Wehr der *Gerasmühle*, deren Hämmer 1458 erstmals erwähnt werden. Am *Winzerhof Weinstuben* vorbei erreichen wir ein eindrucksvolles Gebäudeensemble mit Barockteilen, Fachwerkwänden, Mauern aus Sandstein und Backstein – und alles harmoniert irgendwie; Kriege und Brände »bauten« hier mit. Früher stellte man in diesem Bauwerk Spiegel her, dann bis weit ins 20. Jahrhundert Bronzefarben. Man kann noch Menschen antreffen, die sich ans lautstarke Zerkleinern der Bronze erinnern! Sobald vor der starken Linkskurve die Markierung *Grünes Kreuz* auftaucht, lohnt ein Abstecher 150 Meter nach rechts, wenn man den Charme verfallender Schönheit schätzt ...

Der *Jagdweg* führt uns, auf dem Boden des Landkreises *Fürth*, aufwärts nach *Stein-Deutenbach*. Vor den ersten Häusern geht es rechts in Richtung *Waldstraße*, dann in die *Ostendstraße* und in den schmalen *Uhlandweg*. Die lockere Bebauung verdichtet sich zu uniformierten Reihenhäusern und wird von einem ringsum alles zu Boden drückenden Wohnklotz überragt. Anfangs zwischen Häusern und Büschen, geht's dann durch schönen Kiefernwald weiter. Hier kann man oft Rehe sehen, die nicht sehr scheu sind. Zahlreiche Wege schlängeln sich labyrinthisch durch

Bauernhof und Einsteinring

den Wald; ohne unsere *Bethang*-Markierung wären wir hier aufgeschmissen. Schließlich ein bisschen abwärts zur »Schmetterlingswiese«, wo man nah am (im schönen Gelände sichtbaren) Freilandaquarium und -terrarium ist. (Freiland-Aquarium und -Terrarium, Heuweg 16, 90547 Stein). Man kann im Sommer gegen eine Spende Hecht, Sterlet und Waller betrachten sowie Eidechsen, Schlangen, Unken, Schildkröten – und noch viel mehr, auch ganze Biotope. Es gehört der *Naturhistorischen Gesellschaft Nürnberg*, die es seit 1801 gibt. 1983 wurde sie für ihr vielseitiges Wirken durch die Verleihung der Denkmalschutzmedaille gewürdigt. Sie hat heute etwa stolze 1.800 Mitglieder (Tel. 09 11/22 79 70).

Danach geht es ganz in den Talgrund; kurz vor einem Steg biegen wir nach links ab. Und da enthüllt sich ein großes Bild (von links nach rechts): der himmelhohe Schlot des *Großkraftwerks Franken* (vgl. 1. Etappe, S. 27f.), der Turm der *Steiner Martin-Luther-Kirche,* ein sehr hoher Backsteinschlot, ein plumper Schuhkarton-Beton-Wohnblock, der Turm des *Faber-Castell-Schlosses* (s. S. 26f.) und – außer Konkurrenz – der riesige Fernmeldeturm. (Im Feld links, vorm Wald, standen bei unserem letzten Besuch, wie zum Ausgleich und zur Beruhigung, mehrere ziemlich klein und zierlich anmutende Rehe.)

Am Ortseingang von *Stein* berühren wir nochmals die *Rednitz.* Dort kann man sich – wunderschön, ohne Markie-

129

rung – direkt am Fluss entlang bis zur Brücke halten. Oder wir dringen (markiert) durch die sehr diverse Bebauung an der *Gerasmühler Straße* (hier auch *Hotel/Gasthof Zum Rednitzgrund*, Tel. 09 11/68 00 10) zur Hauptstraße vor. Dort findet sich nahebei (in alphabetischer Reihenfolge) arabische, griechische, italienische und türkische Gastronomie. An der *Hauptstraße* ein kleines Stück nach links beginnt der *Feuerweg*, durch den die *Bethang*-Markierung der 1. Etappe (s. S. 27) verläuft; noch etwas weiter links liegt die Bushaltestelle *Stein Kirche* (und seit 1898 die *Konditorei Mitterer* – von Karsten Neumann ungemein empfohlen). Nach rechts leitet der 500 Meter lange Stichweg bzw. Zubringer, die *Rednitz* überquerend, zum *Schloss Stein* hoch (Bushaltestellen s. S. 25).

Abschließend nochmals ein dickes Dankeschön dem *VVB* für die Vielzahl seiner Angebote! (Für diejenigen, denen dieser »running gag« noch unbekannt ist: Die Rede ist natürlich vom *Verkehrsverbund Verdichtungsraum Bethang*, wie sich der VGN sicher bald nennen wird …)

Einblick

Sie wollten es schon längst genauer wissen? Die Ministerkonferenz für Raumordnung hat 1993 den Begriff »Verdichtungsraum« so umrissen: mind. 150.000 Einwohner, mind. 100 Quadratkilometer Fläche, mind. 1.250 Einwohner

Die Runde schließt sich!

je Quadratkilometer, auf den Quadratkilometer entfallen durchschnittlich mehr als 330 Arbeitsplätze. Zum Vergleich: Bethang hat knapp 800.000 Einwohner und 326 Quadratkilometer Fläche, pro Quadratkilometer leben also etwa 2.400 Menschen. Im Durchschnitt gibt es pro Quadratkilometer weit über 1.000 Arbeitsplätze.

Weitere wichtige Markierungen auf dieser Etappe in der Reihenfolge ihres Auftretens:

Blauer Ring, »Steiner Rundgang«, 20 km
Jakobsmuschel, ostbayerischer Jakobsweg, Ensdorf – Stein-Deutenbach, 98 km
Grüner Punkt, Rundweg, 11 km
Grünes Kreuz, »Deutschherrenweg« von Eibach nach Neustadt/Aisch, 79 km
Strahlenmuschel, »Lichtenfelser Jakobsweg«, Dormitz – Stein-Deutenbach, 33 km
Grüner Ring, Abenteuer-Familienweg, 4 km
Allianz-Symbol, Bibertal – Dillenberg, 51 km
Maria mit Kind, »Fränkischer Marienweg«, neue Westroute, 411 km
Blaue 1, Zugangsweg zum Bf. Stein, 1 km

Nach-Gedachtes

mein land, mein sterbliches land,
leuchtend von meiner freude,
die hat dich zu mir verwünscht
für die fremde und die vertraute zeit,
für alle zeiten, die uns geblieben sind.

Hans Magnus Enzensberger, aufgewachsen in Nürnberg
(Auszug aus dem Gedicht »landnahme«)

Jetzt hat sich der Bogen geschlossen, der Weg gerundet. Individuell für den einzelnen Wanderer, im großen Ganzen für
diejenigen, die den Weg entworfen, beschrieben und markiert
haben.

Es bleibt ein Widerspruch, etwas Paradoxes: Eine Utopie kann
niemals Grenzen haben, kann keinen Abschluss finden. Sie soll
als Idee arbeiten, zeigen, wo es hingehen könnte. Halten wir uns
doch nach wie vor offen! Der »Ort Nirgendwo« kann immer nur
im Entstehen sein, in der Fantasie weitergebaut werden. Karsten
Neumann, Entdecker von *Bethang*, denkt sein Konzept fort. Er
kreiert zum Beispiel Ansichtskarten mit fantasievollen Leucht-
objekten und dem unbedingt bedenkenswerten Satz »Wenn es

Beton und Natur – oder umgekehrt?

Bethang einmal gibt, gibt es Bethang irgendwann einmal auch wieder nicht mehr«. Lassen wir uns aufs Neue überraschen!

Was bleibt – bleibt was? Erinnerungen an ... Sandsteinbrüche – Häuser – Silhouetten – Schlote – Kirchen – Altäre – Gräber – Autobahnen – Wasserstraßen – Wohnblöcke – Reihenhäuser – Gasthäuser – Flüsse – Pflanzen – Bäche – Weiher – Straßenzüge – Dörfer – Brücken – Flugzeuge – Parks – Gewerbegebiete – Türme – Tiere – Bäume – Eingemeindungen – Kunstwerke – Lager – Kriege – Katastrophen – Kultur – Wald und Wiese – Ausflugsziele – Ausblicke ...

Erinnerungen an »Heimat«? Erfahrungen mit unterschiedlichsten Menschen, quicklebendigen und dahingegangenen, mit solchen und solchen ...

Erscheint dem Leser dieses Büchlein vielleicht hie und da zu kritisch, zu »negativ«? Fehlt es an Harmonie? Oder wird, im Gegenteil, Kritisches vermisst, ist die Darstellung zu »affirma-

Befestigte Grenze –
am Stacheldrahtzaun des Flughafens

tiv«? Dann soll kurz Hermann Hesse, Nobelpreisträger 1946, mit seiner 1925 geschriebenen *Nürnberger Reise* (fast zeitgleich mit dem späteren Kultbuch *Steppenwolf*) zu Wort kommen. Ganze drei (in Ziffern: 3) von insgesamt über 80 Seiten sind darin dem titelgebenden Reiseziel gewidmet: »... auf der letzten Strecke begann eine wilde, raue, menschenlose und großartige Landschaft mit großen Föhrenwäldern ...«, »... alles war umbaut von einer großen, lieblosen, öden Geschäftsstadt, war umknattert von Motoren, umschlängelt von Automobilen ...«, »Nürnberg war eine große Enttäuschung für mich.«

Nun ja, ein »Zugereister« ... Was aber sagt ein echter Nürnberger Weltbürger (so nannte er sich selbst!) dazu, wie der Schriftsteller Hermann Kesten (1900–1996)? »Ich fühle mich in keiner Stadt der Welt so zu Hause wie in Nürnberg und in keiner Stadt der Welt so fremd.« *(Zweite Nürnberger Rede, 1965)* Ja, dazu hatte er, Abiturient des Melanchthon-Gymnasiums und bald erfolgreicher junger Autor, der ab 1933 vor dem NS-Regime schließlich bis in die USA flüchten musste, gute Gründe! Von 1977 an wohnte er in Basel, nach Nürnberg kam er nur noch zu Besuch ...

Und wie schreibt der schon bei Etappe 2 (s. S. 40) zitierte Fürther Jakob Wassermann, dessen Bücher 1933 verbrannt wurden, als er noch einer der meistgelesenen Autoren Deutschlands war? »Dies Fürth ist doch eine häßliche Stadt. Schon der Name ist häßlich.«

Und Ernst Penzoldt (1892–1955, Professorensohn aus Erlangen) rechnet 1929/30 in seinem erfolgreichsten Roman *Die Powenzbande* zwar amüsant, aber doch gnadenlos mit dem Erlanger Spießbürgertum ab ...

Genug, genug! Diese Einschätzungen liegen ja auch schon viele, viele Jahrzehnte zurück!

Manches haben wir beim Wandern, hoffentlich nur aus persönlichem Pech, nicht zu Gesicht bekommen: zum Beispiel keine einzige Blindschleiche, keinen einzigen Igel, um bescheidene Details zu nennen – allerdings auch nur ganz wenige »Rasenroboter« (wir sagen nicht wo). Die Schmetterlings- bzw. Insektendichte war schwach, der Wald recht oft marode, und das ist wohl leider nicht unser persönliches Pech. Ja, wir sorgen uns um einiges ...

Dem *Verkehrsverbund Verdichtungsraum Bethang* (VVB, früher wohl VGN) wird Lob und wohl auch manche Kritik gelten –

dennoch: Je länger der *Bethang*-Grenzgang andauert, desto mehr spüren wir, dass die »öffentliche« An- und Abreise zum genuinen Erlebnis zählt. Man »erfährt« dabei in Bus und Bahn so einiges zu Zusammenhängen, zur Atmosphäre im weiten Inneren des Verdichtungsraums. Und man empfindet ähnlich wie beim Stimmen der Instrumente in der indischen Musik – das gilt dort nämlich bereits als Teil des Konzerts!

Viele freundlich (zurück-)grüßende und gern Auskunft gebende Menschen sind uns beim Wandern begegnet. Konnten wir unser Grenzgang-Projekt oder die Utopie *Bethang* ansprechen, stießen wir auf Interesse und Offenheit.

Gibt es bald reges Treiben am Weg? Wir hoffen ...
– auf Neugierige und Begeisterte,
– auf Familien, Gruppen, Einzelne,
– auf alle, die sich für diese nicht alltägliche Unternehmung irgendwie erwärmen,
– und auf die, die zudem einem Kinderwagen, manchem Rollstuhl das Geleit geben ...

Das alles, und viel mehr, sollte zum *Bethang*-Weg gehören. Schön wär's!

Über Rückmeldungen, auch Kritik, und vor allem Berichtigungen zu Fakten freuen wir uns; bitte per E-Mail an: *lektorat@arsvivendiverlag.de* – danke!

Eckart Dietzfelbinger und Hans Treuheit

»Grenzen? Ich habe nie welche gesehen. Sie existieren nur in den Köpfen der Menschen.«

(Thor Heyerdahl, Anthropologe, der 1947 auf dem Balsa-Floß Kon-Tiki in 101 Tagen von Peru aus über den Pazifischen Ozean bis Polynesien fuhr, 6.980 Kilometer weit)

Die Autoren

Eckart Dietzfelbinger, 1953 geboren, hat Politikwissenschaft, Soziologie und Geschichte studiert und wurde 1984 an der Universität Erlangen promoviert. Von 1986 bis 2001 betreute er die Ausstellung »Faszination und Gewalt –Nürnberg und der Nationalsozialismus« in der Zeppelintribüne auf dem ehemaligen Reichsparteitagsgelände in Nürnberg. Bis 2014 war er wissenschaftlicher Mitarbeiter am Dokumentationszentrum Reichsparteitagsgelände.

Hans Treuheit, Jahrgang 1950, hat in Erlangen studiert und war als Lehrer für Mathematik, Physik und Ethik an Nürnberger Gymnasien tätig. Früher beim Deutschen Alpenverein als Hochtourenführer im Einsatz, ist er nun seit Langem Wanderführer und Wegemarkierer des Fränkischen Albvereins. Mehrere Naturkalender, Kletter- und Wanderführer entstanden durch seine Mitwirkung.

Register

Radelgenuss für Leib & Seele

Johannes Wilkes
Donau-Radtouren
In 4 Tagen mit dem Fahrrad
von Ulm in den Schwarzwald

256 Seiten | 15,00 €
ISBN 978-3-7472-0236-4

Vom Rande der Schwäbischen Alb über Ehingen, Sigmaringen, Beuron und Tuttlingen bis zur Quelle bei Donaueschingen.
· Mit unterhaltsamen Streckenbeschreibungen und persönlich gestalteten Reiseerlebnissen
· Sehr gut lesbar, jede Menge Hintergrundstories zu Kultur, Geschichte, regionalen Eigenheiten und Kulinarik
· Entspannte Genusstouren für Leib und Seele – Streckenlängen flexibel einteilbar, größtenteils am Fluss entlang
· Zahlreich bebildert und hübsch illustriert macht der Fahrradführer schon Lust, bevor die Radtour losgeht.

Der Hauptstadt entgegen

Johannes Wilkes
Spree-Radtouren
In 6 Tagen mit dem Fahrrad
von der Lausitz nach Berlin

256 Seiten | 15,00 €
ISBN 978-3-7472-0235-7

Von den Quellen über Bautzen, Spremberg und Cottbus in den Spree-
wald, nach Lübbenau, Schlepzig und Beeskow, über Fürstenwalde bis in
die Bundeshauptstadt und zur Mündung. Unterhaltsame und gut lesbare
Mischung aus Reisereportage, Hintergründen zu Historie, Natur, Kultur
und regionalen Besonderheiten sowie Basic-Infos für unterwegs und für
die Vorbereitung. (Man kann aber z. B. auch in Berlin starten und von dort
aus ein, zwei, drei Halb-Tagestouren machen.)
· Jede Menge Hintergrundstories zu Kultur, Geschichte, regionalen
  Eigenheiten und Kulinarik
· Entspannte Genusstouren für Leib und Seele
· Streckenlängen flexibel einteilbar, großteils am Fluss entlang
· Zahlreiche Farbfotos, Illustrationen, sechs Tagestourenpläne und eine
  große Übersichtskarte

Quer durchs Ruhrgebiet

Johannes Wilkes,
Rainer Götzfried
Emscher-Touren
In 5 Tagen mit dem Fahrrad
durch den Pott

232 Seiten | 14,00 €
ISBN 978-3-7472-0198-5

Das Ruhrgebiet müsste eigentlich Emschergebiet heißen! Davon sind unsere Autoren überzeugt – fließt sie doch mitten durchs Revier und u. a. an den Großstädten Dortmund, Essen, Oberhausen und Duisburg vorbei. Für sie ist die Emscher der »vielleicht seltsamste Fluss Europas« – was durchaus positiv gemeint ist: Einst bereits »klinisch tot«, entwickelt sie sich nun, überwiegend renaturiert, zu einem idyllischen Naherholungsziel inmitten spannender (Industrie-)Kulturlandschaft. Von der Quelle bei Holzwickede bis zur Mündung bei Dinslaken bietet der Emscher-Radweg demnach auch Ausgangspunkte für ein äußerst vielfältiges Freizeitprogramm. Mit unterhaltsamen Streckenbeschreibungen und Reiseerlebnissen sowie jeder Menge Hintergrundgeschichten zu Kultur, Geschichte, Sport und Kulinarik.